# 100 FAITS INCROYABLES SUR L'ISLANDE

© 2023, Marc Dresgui

# Sommaire

Introduction ................................................................................. 8
Fait 1 - Les aurores boréales en hiver .................................... 9
Fait 2 - L'énorme glacier Vatnajökull ..................................... 10
Fait 3 - Les maisons colorées de Reykjavik ......................... 11
Fait 4 - Les fjords, merveilles géologiques .......................... 12
Fait 5 - La pêche, pilier de l'économie ................................. 13
Fait 6 - Les mystères des pierres runiques ......................... 14
Fait 7 - Les corbeaux, oiseaux intelligents .......................... 15
Fait 8 - Les oiseaux migrateurs font escale ........................ 16
Fait 9 - La force du handball islandais ................................. 17
Fait 10 - Les renards polaires, seul mammifère terrestre ........... 18
Fait 11 - Les légendes des trolls des montagnes ................ 19
Fait 12 - L'été sans fin du soleil de minuit ........................... 20
Fait 13 - Les thermes naturels partout ................................. 21
Fait 14 - Le paradis des geysers bouillonnants ................... 22
Fait 15 - Les légendes des volcans islandais ...................... 23
Fait 16 - Les cascades à couper le souffle .......................... 24
Fait 17 - Les maisons aux toits de tourbe ............................ 25
Fait 18 - Les mythes des dieux nordiques ........................... 26
Fait 19 - Les histoires de fantômes islandais ...................... 27
Fait 20 - Les plats à base de lait fermenté .......................... 28
Fait 21 - L'unique système de noms .................................... 29
Fait 22 - Les contes de fées islandais .................................. 30

Fait 23 - Les poissons des rivières islandaises ..............................31

Fait 24 - La musique folk islandaise.................................................32

Fait 25 - L'ancien art du tricot ..........................................................33

Fait 26 - Les longues randonnées islandaises................................34

Fait 27 - Les mystérieuses aurores polaires ...................................35

Fait 28 - Le musée national d'Islande .............................................36

Fait 29 - Les plats à base de mouton ..............................................37

Fait 30 - Les chants traditionnels islandais ....................................38

Fait 31 - L'énergie du sol islandais ..................................................39

Fait 32 - Les baleines dans les eaux islandaises ...........................40

Fait 33 - Les festivals de musique en plein air...............................41

Fait 34 - Les sources chaudes de Geysir........................................42

Fait 35 - L'amour des livres partagé ................................................43

Fait 36 - Le rôle crucial des moutons...............................................44

Fait 37 - Les oiseaux de proie islandais..........................................45

Fait 38 - Les éruptions du volcan Eyjafjallajökull............................46

Fait 39 - L'histoire des premiers colons ..........................................47

Fait 40 - Les instruments de musique anciens...............................48

Fait 41 - Les baleines à bosse en Islande ......................................49

Fait 42 - Le phénomène des aurores boréales ..............................50

Fait 43 - Les contes des anciens Islandais .....................................51

Fait 44 - Les oies sauvages en Islande ...........................................52

Fait 45 - Les chevaux islandais, petits mais costauds ..................53

Fait 46 - L'ancêtre de l'islandais .......................................................54

Fait 47 - Les champs de lave figée ................................................. 55

Fait 48 - Le savoir-faire en construction navale ........................... 56

Fait 49 - Le goût sucré du skyr ........................................................ 57

Fait 50 - Les plages de sable noir ................................................... 58

Fait 51 - Les macareux moines, oiseaux emblématiques ............ 59

Fait 52 - Les bains chauds en hiver ................................................ 60

Fait 53 - L'étonnant lac Mývatn ...................................................... 61

Fait 54 - L'art contemporain islandais ........................................... 62

Fait 55 - Les piscines comme lieu de vie ...................................... 63

Fait 56 - L'Islande, un pays sans armée ........................................ 64

Fait 57 - Les manuscrits médiévaux sauvegardés ........................ 65

Fait 58 - Les festivals de films islandais ........................................ 66

Fait 59 - Les aigles royaux en Islande ........................................... 67

Fait 60 - Les traditions des anciens rites ...................................... 68

Fait 61 - Les phoques gris en Islande ............................................ 69

Fait 62 - Protéger la nature sauvage ............................................. 70

Fait 63 - La culture du café bien ancrée ....................................... 71

Fait 64 - L'île des volcans endormis .............................................. 72

Fait 65 - Les légendes de la mer .................................................... 73

Fait 66 - Les sagas, trésors littéraires ............................................ 74

Fait 67 - Les anciennes techniques de pêche .............................. 75

Fait 68 - Les récits des explorateurs vikings ................................ 76

Fait 69 - Les croyances en la magie .............................................. 77

Fait 70 - Les traditions de Noël islandaises .................................. 78

Fait 71 - Les sternes arctiques en migration .................................. 79

Fait 72 - Les sagas en bandes dessinées ..................................... 80

Fait 73 - Björk, la voix d'un pays ............................................... 81

Fait 74 - Le froid qui forge les caractères .................................... 82

Fait 75 - Le festival du solstice d'été ........................................... 83

Fait 76 - Les Vikings débarquent ................................................. 84

Fait 77 - Les cerfs-volants en Islande .......................................... 85

Fait 78 - L'art de la laine islandaise ............................................ 86

Fait 79 - Les grottes de lave à explorer ....................................... 87

Fait 80 - Les anciennes fermes en tourbe .................................... 88

Fait 81 - Le football, passion nationale ........................................ 89

Fait 82 - Le système scolaire innovant ........................................ 90

Fait 83 - Les histoires des pêcheurs islandais .............................. 91

Fait 84 - Les légendes des montagnes islandaises ....................... 92

Fait 85 - Le poisson, roi des assiettes ......................................... 93

Fait 86 - Le kayak en eaux islandaises ........................................ 94

Fait 87 - Les plantes à la résistance folle .................................... 95

Fait 88 - Les moutons en liberté ................................................. 96

Fait 89 - Les Vikings et leur alphabet runique .............................. 97

Fait 90 - La tradition orale en Islande ......................................... 98

Fait 91 - Les adorables petits renards ......................................... 99

Fait 92 - Les étonnants cristaux de zeolite ................................. 100

Fait 93 - L'importance du sauna islandais .................................. 101

Fait 94 - Les festivals colorés islandais ..................................... 102

Fait 95 - Les baleines à bosse et leurs chants ............................ 103

Fait 96 - Les sagas vikings en peinture ........................................ 104

Fait 97 - Les mystères de l'histoire islandaise ............................. 105

Fait 98 - La faune sous-marine islandaise ................................... 106

Fait 99 - Les légendes des sources chaudes .............................. 107

Fait 100 - Le peuple islandais et sa résilience ............................ 108

Conclusion ........................................................................................ 109

Quiz .................................................................................................... 110

Réponses .......................................................................................... 116

*"Chaque coin de l'Islande a une histoire à raconter, un secret à révéler."*

— *Sjón*

# Introduction

Bienvenue, cher lecteur, dans ce voyage fascinant à travers l'Islande, une terre de mystères, de beauté brute et de traditions anciennes. Si tu as entre les mains "100 Faits Incroyables sur l'Islande", c'est que tu es prêt à plonger dans les profondeurs de cette île unique, située aux confins de l'Atlantique Nord. À travers les pages de ce livre, tu découvriras des histoires captivantes, des faits étonnants et des aspects méconnus de la culture, de la nature et de l'histoire islandaises.

L'Islande, avec ses paysages époustouflants, ses volcans actifs, ses geysers bouillonnants et ses champs de lave, offre une toile de fond spectaculaire pour une aventure inoubliable. Mais au-delà de sa beauté naturelle, cette île recèle des trésors cachés et des récits qui attendent d'être racontés. Les Islandais, un peuple fier et résilient, ont su préserver leur langue, leurs sagas et leurs traditions dans un monde en constante évolution.

Alors, installe-toi confortablement, ouvre grand tes yeux et ton esprit, et prépare-toi à être émerveillé par "100 Faits Incroyables sur l'Islande". L'aventure commence ici, et chaque page te rapprochera un peu plus du cœur battant de cette terre de glace et de feu. Bienvenue en Islande, terre de contrastes et de merveilles !

*Marc Dresgui*

# Fait 1 - Les aurores boréales en hiver

L'hiver en Islande est un moment magique où le ciel nocturne se transforme en une toile vivante, grâce aux aurores boréales. Ces lumières dansantes, aussi appelées aurores polaires, sont le résultat de particules solaires interagissant avec l'atmosphère terrestre. En Islande, les mois de septembre à avril offrent les meilleures chances de les observer, avec des couleurs allant du vert éclatant au rose, en passant par le violet.

L'Islande, grâce à sa situation géographique proche du cercle polaire, est l'un des meilleurs endroits au monde pour admirer ce phénomène naturel. Les régions éloignées des lumières de la ville, comme Þingvellir ou la péninsule de Snæfellsnes, sont idéales pour une observation optimale. Il est recommandé de sortir par une nuit claire et sombre, loin de toute pollution lumineuse, pour vraiment apprécier la beauté des aurores.

Le spectacle des aurores boréales a fasciné les Islandais depuis des siècles. Ils ont été interprétés de différentes manières, certains les voyant comme des signes des dieux, d'autres comme des âmes dansantes. Aujourd'hui, ils attirent des visiteurs du monde entier, tous désireux d'assister à ce spectacle époustouflant.

Alors, si tu as la chance de te trouver en Islande en hiver, n'oublie pas de lever les yeux au ciel pendant la nuit. Tu pourrais être témoin de l'un des plus beaux spectacles naturels que notre planète a à offrir. Les aurores boréales sont une expérience à ne pas manquer, et elles te laisseront certainement des souvenirs inoubliables.

## Fait 2 - L'énorme glacier Vatnajökull

En Islande, le glacier Vatnajökull ne passe pas inaperçu. C'est le plus grand glacier d'Europe, et il occupe une place centrale dans le paysage islandais. Ses dimensions sont vraiment impressionnantes, avec une superficie de près de 8 000 kilomètres carrés. C'est comme si tu mettais Paris sous une couche de glace, et tu multipliais ça par cent !

Le Vatnajökull n'est pas seulement grand, il est aussi très ancien. Certaines parties de la glace ont plus de 1 000 ans. Imagine, c'est comme si la glace avait commencé à se former à l'époque des Vikings ! Sous le glacier, il y a des volcans actifs, et parfois, quand ils entrent en éruption, cela crée des jökulhlaups, des inondations glaciaires spectaculaires.

Ce glacier est comme une ville à lui tout seul, avec des vallées, des montagnes et même des lacs souterrains. Les scientifiques et les aventuriers viennent du monde entier pour l'étudier et explorer ses recoins cachés. Certains ont même pu descendre dans des grottes de glace bleue, créées par l'eau de fonte qui s'écoule à travers le glacier.

Le Vatnajökull est vraiment un trésor national islandais. Il en impose par sa taille, sa beauté et son mystère. Si tu as la chance de le visiter, tu te rendras compte à quel point la nature peut être à la fois puissante et magnifique. C'est une expérience qui te marquera à vie et qui te donnera un aperçu unique de la force de la nature.

## Fait 3 - Les maisons colorées de Reykjavik

Reykjavik, la capitale de l'Islande, est célèbre pour ses charmantes petites maisons aux couleurs vives. C'est comme si la ville avait décidé de s'habiller avec un arc-en-ciel ! Ces bâtiments colorés donnent à Reykjavik un caractère unique et joyeux, et ils sont un véritable régal pour les yeux. Tu peux trouver des maisons rouges, bleues, jaunes et de toutes les couleurs imaginables.

Cette tradition de peindre les maisons de couleurs vives a une origine pratique. L'Islande connaît de longs hivers avec peu de lumière du jour. Les couleurs vives aident à égayer le paysage et à apporter de la gaieté pendant les mois sombres. C'est comme si la ville luttait contre l'obscurité avec des éclats de couleur.

Mais les couleurs ne servent pas seulement à égayer la ville. Elles aident aussi les gens à se repérer. Avec autant de maisons différentes, il est beaucoup plus facile de dire "la maison rose à côté de la bleue" plutôt que de donner des indications compliquées. C'est un système de navigation tout en couleurs !

La prochaine fois que tu visiteras Reykjavik, prends le temps de te promener et d'admirer ces maisons colorées. Elles racontent une histoire de créativité, de joie et d'ingéniosité, et elles sont un excellent exemple de la manière dont les Islandais font face à leur environnement parfois difficile. Ces maisons ne sont pas seulement belles, elles sont un véritable symbole de la résilience et de la vitalité de la ville.

## Fait 4 - Les fjords, merveilles géologiques

L'Islande est renommée pour ses fjords, ces longues étendues d'eau qui s'enfoncent dans les terres, entourées de hautes montagnes ou de falaises abruptes. Ces formations géologiques impressionnantes sont le résultat de millions d'années d'érosion glaciaire. Lorsque les glaciers avancent, ils creusent profondément le sol, formant ces vallées uniques que l'on appelle des fjords.

Parmi les fjords les plus connus d'Islande, il y a le fjord de l'Ouest, ou Vestfirðir en islandais. C'est un lieu à couper le souffle, avec ses falaises escarpées plongeant dans la mer et ses petits villages de pêcheurs nichés au bord de l'eau. C'est comme si le temps s'était arrêté, et tu peux ressentir la puissance de la nature à chaque regard.

Mais les fjords ne sont pas juste beaux à regarder. Ils ont aussi joué un rôle crucial dans l'histoire de l'Islande. De nombreux villages de pêcheurs se sont établis le long des fjords, utilisant les eaux riches en poissons comme source de nourriture et de revenus. C'est grâce à ces fjords que beaucoup d'Islandais ont pu s'établir et prospérer dans ce pays parfois difficile.

La prochaine fois que tu auras l'occasion de visiter un fjord, prends un moment pour apprécier sa beauté et pense à toutes les forces naturelles qui ont contribué à le créer. C'est une véritable leçon de géologie à ciel ouvert, et un rappel étonnant de ce dont la nature est capable. Les fjords islandais sont de véritables merveilles à découvrir.

# Fait 5 - La pêche, pilier de l'économie

L'Islande, entourée par l'océan Atlantique, a une longue tradition de pêche qui remonte à l'arrivée des premiers colons vikings. La mer a toujours été une source vitale de nourriture et de revenus pour les Islandais. La pêche n'est pas seulement un travail ici ; c'est une partie intégrante de la culture et de l'histoire du pays.

Aujourd'hui, la pêche représente une grande partie de l'économie islandaise. Les poissons et les produits de la mer sont les principales exportations du pays. Les entreprises islandaises sont réputées pour leurs méthodes de pêche durables et leurs produits de haute qualité. Des espèces comme la morue, le hareng et le maquereau sont fréquemment pêchées dans les eaux islandaises.

Les innovations technologiques ont également joué un rôle crucial dans l'industrie de la pêche en Islande. Les bateaux sont équipés de technologies avancées pour localiser les poissons et maximiser la capture tout en minimisant l'impact sur les écosystèmes marins. C'est une manière pour l'Islande de montrer au monde entier comment pêcher de manière responsable.

La pêche en Islande n'est pas seulement une affaire d'économie ; c'est un mode de vie. Elle relie les générations, soutient les communautés et contribue à l'identité unique de ce pays fascinant. Chaque fois que tu manges un morceau de poisson islandais, rappelle-toi l'importance de la pêche pour ce pays et les efforts qu'il déploie pour protéger ses précieuses ressources marines.

## Fait 6 - Les mystères des pierres runiques

Les pierres runiques sont un véritable trésor de l'histoire islandaise, portant les secrets et les récits des anciens Vikings. Gravées avec l'ancien alphabet runique, ces pierres racontent des histoires, des dédicaces, et parfois même des sorts ! Les runes ne sont pas juste des lettres ; elles sont aussi des symboles puissants dans la mythologie nordique.

L'Islande, avec son riche héritage viking, est un lieu privilégié pour découvrir ces fascinantes pierres runiques. Elles sont trouvées dans tout le pays, souvent près des anciens sites de peuplement. Chaque pierre a une histoire à raconter, si on sait déchiffrer ses runes. C'est comme une chasse au trésor historique !

L'une des pierres runiques les plus célèbres d'Islande est la pierre de Végeir, trouvée près de la rivière Héraðsvötn. Gravée au XIe siècle, elle est dédiée à un homme nommé Végeir par son frère. C'est un bel exemple de comment les Vikings utilisaient les runes pour honorer leurs proches.

Explorer les mystères des pierres runiques en Islande, c'est faire un voyage dans le temps et toucher du doigt l'histoire des Vikings. Ces pierres sont des fenêtres ouvertes sur le passé, et elles offrent une connexion unique et tangible avec les anciens habitants de cette terre fascinante. Alors, prêt à devenir un détective de l'histoire ?

## Fait 7 - Les corbeaux, oiseaux intelligents

En Islande, les corbeaux sont bien plus que de simples oiseaux. Ils font partie intégrante du folklore et sont connus pour leur intelligence remarquable. Ces oiseaux noirs élégants ont la capacité de résoudre des problèmes complexes et de communiquer entre eux, ce qui fascine les scientifiques et les amoureux de la nature.

L'histoire islandaise est truffée de légendes impliquant des corbeaux. Ils étaient considérés comme des guides spirituels et des messagers des dieux. Même aujourd'hui, beaucoup d'Islandais portent un respect particulier à ces oiseaux, les considérant comme des symboles de sagesse et de connexions avec le monde spirituel.

Il est courant d'observer des corbeaux dans les villes et les campagnes islandaises, se livrant à des jeux et à des activités complexes. Ils utilisent des outils, cachent de la nourriture pour plus tard et peuvent même imiter les sons de leur environnement. C'est vraiment impressionnant de les voir en action.

La prochaine fois que tu verras un corbeau en Islande, prends un moment pour l'observer. Réfléchis à son intelligence et à son importance dans la culture islandaise. Ces oiseaux ne sont pas seulement intelligents ; ils sont aussi un lien vivant avec l'histoire et les croyances de ce pays unique. Les corbeaux en Islande sont bien plus qu'une simple partie du paysage ; ils sont une fenêtre ouverte sur le passé et le présent de cette île fascinante.

# Fait 8 - Les oiseaux migrateurs font escale

L'Islande est une destination privilégiée pour de nombreuses espèces d'oiseaux migrateurs, transformant l'île en un véritable spectacle d'ailes et de chants chaque année. Les oiseaux parcourent des milliers de kilomètres pour se reproduire ou pour échapper au froid hivernal, et l'Islande, avec ses vastes espaces ouverts et ses nombreux plans d'eau, offre un refuge idéal.

Parmi les visiteurs à plumes, on trouve le pluvier doré, qui vient de l'Europe et de l'Afrique pour nicher en Islande. Son chant mélodieux et sa danse nuptiale sont un régal pour les yeux et les oreilles. C'est un véritable spectacle de la nature qui s'offre à quiconque prend le temps d'observer.

L'Islande joue un rôle crucial dans la survie de ces oiseaux migrateurs. En fournissant des habitats adéquats pour la nidification et le repos, l'île contribue à la préservation de ces espèces. Les efforts de conservation en Islande sont essentiels pour assurer que les générations futures puissent également profiter de ces migrations annuelles.

Alors, si tu te trouves en Islande pendant la saison de migration, lève les yeux et admire le ballet aérien. Les oiseaux migrateurs sont une partie intégrante de l'écosystème islandais, et leur présence est une preuve de l'interconnexion de notre monde. C'est une leçon vivante de géographie et de biologie, le tout dans le ciel islandais !

# Fait 9 - La force du handball islandais

Si tu penses à l'Islande, peut-être que le handball n'est pas le premier sport qui te vient à l'esprit. Pourtant, ce pays nordique possède une équipe nationale de handball qui a fait sensation sur la scène internationale. Avec une population d'un peu plus de 300 000 habitants, c'est assez impressionnant de voir à quel point l'Islande excelle dans ce sport.

Leur passion pour le handball s'est vraiment manifestée en 2008, lors des Jeux Olympiques de Pékin. L'équipe islandaise a surpris le monde entier en se frayant un chemin jusqu'à la finale, remportant finalement une médaille d'argent. Ce fut un moment de fierté nationale, montrant que même un petit pays peut briller sur la grande scène.

L'équipe nationale islandaise de handball est reconnue pour son style de jeu rapide, sa technique affûtée et sa détermination sans faille. Les joueurs islandais sont également très respectés dans les ligues professionnelles à travers l'Europe, apportant avec eux leur expertise et leur passion pour le jeu.

Alors, la prochaine fois que tu verras une compétition de handball, garde un œil sur l'équipe islandaise. Leur esprit de combat et leur talent pour le jeu sont vraiment quelque chose à admirer. C'est une belle illustration de la manière dont l'Islande, malgré sa petite taille, laisse une empreinte géante sur le monde du sport.

## Fait 10 - Les renards polaires, seul mammifère terrestre

L'Islande est une terre de glaciers, de volcans et de vastes étendues sauvages, mais savais-tu qu'elle est aussi la maison du renard polaire, le seul mammifère terrestre natif de l'île ? Ces petites créatures ont réussi à survivre dans l'un des environnements les plus difficiles au monde, montrant une résilience et une adaptation étonnantes.

Le renard polaire est arrivé en Islande à la fin de la dernière période glaciaire, traversant la glace depuis le Groenland. Avec une fourrure épaisse et isolante, ces renards sont parfaitement adaptés aux températures glaciales de l'Islande. En été, leur pelage change, passant du blanc au brun ou au gris, les aidant à se camoufler dans le paysage changeant.

Malgré leur petite taille, les renards polaires jouent un rôle crucial dans l'écosystème islandais. Ils se nourrissent de petits rongeurs, d'oiseaux et d'œufs, aidant à contrôler les populations de ces animaux. De plus, leurs excréments aident à fertiliser le sol, contribuant à la croissance des plantes.

Alors, si tu as la chance de visiter l'Islande, garde les yeux ouverts pour apercevoir ces petits habitants poilus. Les renards polaires sont un exemple fascinant de la manière dont la vie peut prospérer dans les conditions les plus extrêmes, et ils sont un trésor national en Islande.

## Fait 11 - Les légendes des trolls des montagnes

L'Islande est un pays riche en mythes et en légendes, et l'une des histoires les plus captivantes est celle des trolls des montagnes. Ces créatures géantes sont un élément clé du folklore islandais, et elles auraient vécu dans les montagnes et les grottes de l'île depuis des temps immémoriaux. Les Islandais te diront que les trolls sont à la fois redoutables et espiègles, et qu'il vaut mieux ne pas les contrarier !

Selon la légende, les trolls ne peuvent pas supporter la lumière du jour. Ils se cachent donc pendant la journée et sortent seulement la nuit. Si un troll est surpris par les premiers rayons du soleil, il se transforme en pierre. C'est ainsi que les Islandais expliquent la présence de formations rocheuses étranges et de montagnes aux formes bizarres dans le paysage - ce sont des trolls pétrifiés !

Mais les trolls ne sont pas seulement là pour effrayer les gens. Ils jouent aussi un rôle important dans les histoires enseignant des leçons de vie et des valeurs. Les enfants grandissent en entendant des récits sur la manière dont il faut être intelligent et rusé pour déjouer les trolls, encourageant ainsi la ruse et l'intelligence.

Alors, la prochaine fois que tu te promènes dans la campagne islandaise et que tu vois une formation rocheuse particulièrement étrange, souviens-toi des trolls des montagnes. Qui sait, peut-être qu'un jour, tu auras ta propre histoire de troll à raconter !

## Fait 12 - L'été sans fin du soleil de minuit

L'Islande est célèbre pour ses phénomènes naturels étonnants, et le soleil de minuit est l'un des plus spectaculaires d'entre eux. Pendant les mois d'été, de fin mai à début août, le soleil ne se couche jamais complètement et offre un spectacle éblouissant de couleurs et de lumière. Ce phénomène se produit parce que l'Islande est située juste en dessous du cercle polaire arctique, ce qui affecte son exposition à la lumière solaire.

Imagine-toi pouvoir jouer dehors, faire de la randonnée ou même lire un livre à minuit sous une lumière naturelle douce ! C'est exactement ce que tu peux faire en Islande pendant le soleil de minuit. Les habitants et les visiteurs profitent pleinement de ces heures supplémentaires de lumière du jour pour explorer la beauté naturelle de l'île et participer à des activités en plein air.

Bien que ce phénomène puisse perturber ton rythme de sommeil habituel, il crée une atmosphère magique et irréelle. C'est une expérience unique que tu ne peux vivre que dans quelques endroits du monde, et l'Islande en fait partie. Alors, si tu veux vivre une aventure hors du commun, pense à visiter l'Islande pendant les mois d'été et laisse-toi émerveiller par le soleil de minuit.

C'est une opportunité incroyable de voir le monde sous un autre jour, littéralement ! Et même si cela peut sembler étrange au début, c'est une expérience que tu n'oublieras jamais.

# Fait 13 - Les thermes naturels partout

L'Islande est une terre de feu et de glace, mais c'est aussi le royaume des sources chaudes et des bains thermaux naturels. Grâce à l'activité géothermique intense de l'île, tu peux trouver des sources d'eau chaude partout, certaines étant cachées dans des coins isolés et d'autres plus accessibles. Ces bains naturels sont une partie intégrante de la culture islandaise et offrent une expérience de détente unique en son genre.

L'une des sources chaudes les plus célèbres d'Islande est le Blue Lagoon, mais il y en a beaucoup d'autres disséminées à travers le pays. Ces sources chaudes sont alimentées par l'activité géothermique souterraine, ce qui signifie que l'eau est naturellement chauffée par la terre. C'est un phénomène vraiment unique qui attire des visiteurs du monde entier.

Tu pourrais te demander si c'est sûr de se baigner dans ces sources chaudes. La réponse est oui, tant que tu suis les consignes de sécurité et que tu te baignes dans des zones désignées. L'eau des sources chaudes peut avoir divers avantages pour la santé, grâce à sa richesse en minéraux et à sa température apaisante.

Alors, si tu visites l'Islande, n'oublie pas d'emporter ton maillot de bain, car une séance de détente dans un bain thermal naturel est une expérience à ne pas manquer ! C'est une façon fantastique de se détendre et de s'imprégner de la beauté naturelle de l'Islande.

## Fait 14 - Le paradis des geysers bouillonnants

L'Islande est célèbre pour ses paysages à couper le souffle, et parmi eux, les geysers bouillonnants tiennent une place toute particulière. Ces jets d'eau et de vapeur surgissant du sol sont un spectacle fascinant et témoignent de la puissance de la nature. L'activité géothermique de l'Islande crée des conditions idéales pour la formation de ces phénomènes naturels étonnants.

Le Geyser, situé dans la vallée de Haukadalur, est l'un des geysers les plus connus au monde et a même donné son nom à tous les autres geysers. Bien qu'il soit moins actif aujourd'hui, ses voisins, comme Strokkur, offrent des éruptions régulières et impressionnantes. Strokkur, par exemple, peut projeter de l'eau à plus de 20 mètres de haut toutes les quelques minutes.

L'expérience de voir un geyser en action est vraiment unique. Il faut être patient et attentif, car l'eau commence à bouillonner et à gonfler juste avant l'éruption, créant un suspense captivant. Et puis, soudainement, l'eau jaillit avec une force incroyable, laissant tout le monde ébahi.

Outre le spectacle visuel, les geysers offrent aussi un aperçu fascinant de la géologie de l'Islande. Ils sont un rappel vivant de l'activité géothermique qui se déroule juste sous nos pieds, et une attraction incontournable pour quiconque visite cette île extraordinaire.

# Fait 15 - Les légendes des volcans islandais

L'Islande, surnommée "la terre de feu et de glace", est renommée pour son activité volcanique intense, ayant forgé son paysage unique au fil des millénaires. Cette île compte plus d'une centaine de volcans, dont une trentaine encore actifs aujourd'hui. Ces géants endormis occupent une place prépondérante dans l'imaginaire et les légendes islandaises.

Le volcan Hekla, par exemple, est un des plus célèbres et actifs de l'île. Dans le passé, les gens croyaient qu'il était l'entrée de l'enfer. Une aura de mystère et de crainte entoure encore ce volcan, qui a connu de nombreuses éruptions au cours des siècles. L'Eyjafjallajökull, quant à lui, est entré dans l'histoire récente en 2010, perturbant le trafic aérien mondial avec son nuage de cendres.

Ces histoires et légendes autour des volcans sont transmises de génération en génération, créant un lien unique entre les Islandais et ces forces de la nature. Les éruptions, bien qu'elles puissent être destructrices, sont aussi perçues comme un processus de renouvellement et un spectacle naturel impressionnant.

Visiter ces sites volcaniques, c'est donc plonger dans un monde fascinant où la terre est vivante et où chaque montagne a son histoire. C'est une expérience unique qui permet de comprendre à quel point ces légendes sont ancrées dans la culture et l'identité islandaise.

## Fait 16 - Les cascades à couper le souffle

L'Islande est mondialement célèbre pour ses cascades spectaculaires, résultat de son relief accidenté et de la richesse de ses ressources en eau. Chaque cascade, avec sa beauté unique et son histoire particulière, contribue à la magie des paysages islandais. Dettifoss, par exemple, est la cascade la plus puissante d'Europe, offrant un spectacle époustouflant.

Seljalandsfoss est une autre perle, célèbre pour le sentier qui permet de marcher derrière le rideau d'eau, offrant une perspective inédite et fascinante. Cette cascade est particulièrement impressionnante après une pluie, lorsque l'eau s'écoule avec une force et une beauté renouvelées. Skógafoss, quant à elle, est connue pour ses arcs-en-ciel fréquents et sa chute d'eau de 60 mètres de haut.

En parcourant l'Islande, tu découvriras ces trésors naturels à chaque détour de la route, chacun te racontant une histoire différente. Ces cascades, bien plus que de simples attractions touristiques, sont des témoignages vivants de la force et de la beauté de la nature islandaise. Elles t'invitent à t'arrêter, à admirer et à te laisser emporter par leur majesté.

## Fait 17 - Les maisons aux toits de tourbe

En Islande, les maisons aux toits de tourbe font partie intégrante du paysage et de l'histoire culturelle du pays. Ce style architectural, adapté aux conditions climatiques rudes, offre une isolation naturelle et efficace. Les murs épais et le toit recouvert de tourbe et d'herbe aident à maintenir une température constante à l'intérieur, cruciale durant les hivers froids et longs.

L'un des exemples les plus emblématiques de ce type d'habitat est le musée de Skogar, où les visiteurs peuvent explorer une ferme traditionnelle islandaise et se plonger dans le passé. Ici, la toiture en tourbe se fond harmonieusement dans le paysage, illustrant la relation étroite entre les Islandais et leur environnement naturel.

Ce style architectural témoigne également de l'ingéniosité des habitants de l'Islande, qui ont su tirer le meilleur parti des ressources disponibles. En effet, le bois étant rare, la tourbe, abondante, est devenue le matériau de construction de prédilection.

Aujourd'hui, bien que la plupart des Islandais vivent dans des maisons modernes, les toits de tourbe demeurent un symbole fort de la résilience et de la créativité du peuple islandais. Ces maisons ne sont pas seulement des attractions touristiques; elles sont des témoins vivants d'un mode de vie, d'une sagesse et d'une adaptation remarquables.

# Fait 18 - Les mythes des dieux nordiques

L'Islande, avec ses paysages mystérieux et sa nature sauvage, est le berceau de nombreuses histoires et légendes issues de la mythologie nordique. Ces mythes, transmis de génération en génération, parlent de dieux et de créatures surnaturelles vivant dans un monde parallèle. Odin, Thor, et Freyja ne sont que quelques-uns des dieux vénérés, chacun représentant différents aspects de la vie et de la nature.

Le poème épique "l'Edda" est l'une des sources principales de ces histoires mythologiques. Rédigé au 13ème siècle, mais basé sur des traditions plus anciennes, il rassemble un ensemble de poèmes qui explorent la création du monde, les aventures des dieux, et la fin inévitable du monde, connue sous le nom de Ragnarök.

Ces histoires ne sont pas seulement des récits fascinants ; elles offrent également un aperçu de la vision du monde et des valeurs de la société nordique ancienne. Le courage, l'honneur, et le respect de la nature étaient des valeurs centrales, et ces thèmes résonnent encore dans la culture islandaise contemporaine.

Aujourd'hui, l'intérêt pour la mythologie nordique a connu une résurgence, en partie grâce à la popularité de la littérature et des films. En Islande, les visiteurs peuvent explorer des sites historiques et des musées dédiés à ces anciennes croyances, se connectant ainsi avec un aspect essentiel de l'héritage culturel islandais.

# Fait 19 - Les histoires de fantômes islandais

L'Islande, avec ses paysages sauvages et son histoire riche, est un terrain fertile pour les histoires surnaturelles et les légendes de fantômes. Ces récits font partie intégrante de la culture islandaise, transmis oralement de génération en génération. Ils parlent de maisons hantées, d'esprits errants et de lieux maudits, créant une atmosphère mystérieuse et captivante.

L'un des exemples les plus célèbres est l'histoire de la Dame Grise, un esprit qui hanterait l'opéra national à Reykjavik. Selon la légende, elle était une actrice qui a péri dans un incendie, et son fantôme continue de hanter les lieux, apportant du bonheur ou du malheur aux productions selon son humeur. De nombreuses personnes affirment avoir ressenti sa présence ou vu son ombre dans les coulisses.

Les histoires de fantômes islandais sont souvent liées à des événements historiques ou à des tragédies, et elles servent parfois d'avertissements ou de leçons morales. Elles reflètent également la connexion profonde des Islandais avec la nature, car beaucoup de ces histoires se déroulent dans des lieux isolés et sauvages.

Explorer ces légendes offre une manière unique de découvrir la culture islandaise et de comprendre comment les forces de la nature et l'histoire tumultueuse de l'île ont façonné les croyances et les traditions. Les visiteurs et les habitants peuvent ainsi ressentir une connexion plus profonde avec l'île et ses mystères.

## Fait 20 - Les plats à base de lait fermenté

En Islande, la tradition de consommer des produits laitiers fermentés remonte à des siècles. Le climat rude et les conditions de vie difficiles ont obligé les Islandais à trouver des moyens créatifs de conserver la nourriture, et la fermentation du lait est devenue une méthode populaire. Cette tradition perdure encore aujourd'hui, et tu trouveras une variété de produits laitiers fermentés dans les épiceries et les foyers islandais.

Un des produits les plus connus est le skyr, un laitage épais et crémeux, similaire au yaourt, mais avec une texture et une saveur uniques. Le skyr est riche en protéines et faible en matières grasses, ce qui en fait un choix sain et nutritif. Il est souvent consommé au petit-déjeuner avec des fruits et des céréales, ou utilisé dans la préparation de desserts.

Un autre produit traditionnel est le súrmjólk, un lait fermenté aigre, qui est parfois bu seul ou utilisé comme ingrédient dans les recettes. Il a une saveur distincte et aigre, et il est apprécié pour ses propriétés probiotiques.

Ces produits laitiers fermentés ne sont pas seulement une partie importante de l'alimentation islandaise, ils sont également un lien avec le passé et les traditions du pays. Ils rappellent les méthodes ingénieuses développées par les Islandais pour préserver la nourriture et survivre dans un environnement difficile, et ils continuent d'être un élément essentiel de la cuisine islandaise contemporaine.

# Fait 21 - L'unique système de noms

En Islande, le système de nommage est vraiment unique et se démarque par rapport aux autres cultures. Plutôt que de prendre le nom de famille de leurs parents, les Islandais utilisent des prénoms suivis d'un patronyme, basé sur le prénom du père (ou parfois de la mère), avec l'ajout de -son (fils) ou -dóttir (fille). Ainsi, si Jón a une fille nommée Anna, elle sera appelée Anna Jónsdóttir.

Ce système crée une connexion directe entre les générations et met l'accent sur l'importance de l'individu dans la société islandaise. Cependant, cela signifie également que les noms de famille ne sont pas transmis de génération en génération de la même manière que dans d'autres cultures. Pour identifier les gens, on utilise donc souvent le prénom, et il n'est pas rare d'utiliser les annuaires téléphoniques triés par prénoms.

Le gouvernement islandais joue également un rôle dans le choix des prénoms, avec un comité spécial chargé d'approuver les nouveaux prénoms pour s'assurer qu'ils sont compatibles avec la langue islandaise et la culture. Ce système maintient une certaine cohérence dans les noms utilisés dans le pays et préserve la tradition linguistique.

Ce système de nommage reflète l'importance de l'individualité et de la connexion avec l'héritage familial en Islande, créant une tapestry culturelle unique et fascinante. En te familiarisant avec ce système, tu découvriras une autre facette intrigante de la culture islandaise.

## Fait 22 - Les contes de fées islandais

Les contes de fées et les histoires folkloriques occupent une place importante dans la culture islandaise. Ces récits, transmis de génération en génération, sont empreints de magie, de créatures mystérieuses et d'aventures extraordinaires. Ils reflètent non seulement l'imagination débordante des Islandais, mais aussi leur relation étroite avec la nature et les éléments.

Parmi ces histoires, tu trouveras des récits de trolls, d'elfes et d'autres créatures surnaturelles. Les trolls, par exemple, sont souvent décrits comme de grands géants vivant dans les montagnes, qui doivent se cacher pour éviter d'être transformés en pierre par la lumière du jour. Ces histoires servent aussi d'avertissements, enseignant le respect de la nature et la prudence dans les endroits sauvages et inconnus.

Les elfes, d'autre part, sont généralement représentés comme des êtres plus bienveillants, bien qu'ils puissent jouer des tours aux humains. Ils vivent dans un monde parallèle et il est dit qu'il faut être particulièrement attentif pour ne pas perturber leur habitat, en particulier lors de la construction de nouvelles routes ou de bâtiments.

Ces histoires ne sont pas seulement un moyen de divertissement ; elles jouent un rôle crucial dans la préservation de la langue et des traditions islandaises. Elles rappellent aux générations futures l'importance de respecter la nature et les forces qui l'habitent, tout en offrant un aperçu fascinant de la riche tapestry culturelle de l'Islande.

## Fait 23 - Les poissons des rivières islandaises

Les rivières islandaises foisonnent de vie et abritent une variété impressionnante de poissons, jouant un rôle crucial dans l'écosystème local. Ces cours d'eau cristallins sont le domicile de plusieurs espèces, adaptées aux conditions parfois rudes de l'Islande. Le saumon atlantique est particulièrement répandu, attirant des pêcheurs du monde entier.

En plus du saumon, les truites de mer et les ombres arctiques sont également présentes en abondance. Ces espèces, très prisées par les pêcheurs sportifs, contribuent significativement à l'économie locale, notamment dans les régions rurales. Les rivières islandaises sont reconnues pour la qualité de leur pêche, offrant une expérience unique en son genre.

La gestion durable de ces ressources est une priorité pour l'Islande, assurant la préservation de ces espèces pour les générations futures. Des quotas et des saisons de pêche strictes sont mis en place, permettant aux populations de poissons de se régénérer. Cela témoigne de l'engagement de l'Islande envers la conservation de son patrimoine naturel.

La richesse des rivières islandaises ne se limite pas à leur faune. Elles jouent également un rôle important dans le folklore et la culture du pays, étant souvent associées à des histoires et des légendes anciennes. Ces cours d'eau ne sont pas seulement vitaux pour les espèces qui y vivent, mais aussi pour l'identité et l'héritage culturel des Islandais.

## Fait 24 - La musique folk islandaise

La musique folk islandaise, empreinte de mystère et de mélodies envoûtantes, est un élément essentiel de la riche culture du pays. Elle s'inspire profondément des légendes, de l'histoire et du paysage unique de l'Islande, créant une atmosphère unique et enchanteresse. Des instruments traditionnels comme la langspil et la fiðla jouent un rôle central, produisant des sons distinctifs qui captivent l'auditeur.

Les paroles des chansons folkloriques islandaises racontent souvent des histoires de nature, de trolls, et d'autres créatures mythiques. Ces récits sont transmis de génération en génération, préservant ainsi une partie importante de l'identité islandaise. Björk, l'une des artistes les plus célèbres du pays, intègre fréquemment des éléments de musique folk dans ses œuvres, les rendant accessibles à un public international.

Les festivals de musique en Islande offrent une plateforme fantastique pour découvrir cette tradition musicale. Le festival de musique folk de Siglufjörður, par exemple, attire des artistes et des amateurs de musique du monde entier, créant un espace de partage et d'appréciation pour la musique folk islandaise.

L'influence de la musique folk ne se limite pas aux frontières de l'Islande. Des artistes de différents pays s'inspirent de ces mélodies captivantes, créant un dialogue culturel enrichissant. Ainsi, la musique folk islandaise continue de fasciner, de raconter des histoires et de connecter les gens à travers le monde.

## Fait 25 - L'ancien art du tricot

L'art du tricot en Islande est une tradition ancienne qui se transmet de génération en génération, jouant un rôle crucial dans l'histoire et la culture du pays. Cette pratique remonte à plusieurs siècles, lorsque les Islandais ont commencé à utiliser la laine des nombreux moutons de l'île pour créer des vêtements chauds et résistants aux intempéries. Le tricot était non seulement une nécessité pour survivre aux hivers rigoureux, mais aussi une activité sociale importante, rassemblant les communautés.

Le lopapeysa, un type de pull traditionnel islandais, est sans doute l'exemple le plus emblématique du savoir-faire tricoteur du pays. Caractérisé par un motif circulaire autour du col, le lopapeysa est fabriqué à partir de laine islandaise, connue pour sa douceur, sa chaleur et sa résistance à l'eau. Ces pulls sont extrêmement populaires parmi les locaux et les visiteurs, devenant un symbole de l'Islande elle-même.

Les techniques de tricot islandais sont particulières et se distinguent par leur utilisation de motifs géométriques et de couleurs vives. Des ateliers et des cours de tricot sont régulièrement organisés à travers le pays, permettant aux intéressés de s'initier à cet art ancestral et de perpétuer cette tradition vivante.

En plus d'être une expression artistique et une partie intégrante du patrimoine culturel islandais, le tricot continue de jouer un rôle économique important. Les articles tricotés à la main sont très recherchés et constituent une source de revenus significative pour de nombreux artisans locaux.

## Fait 26 - Les longues randonnées islandaises

L'Islande, avec ses paysages à couper le souffle et sa nature sauvage, est une destination de choix pour les amateurs de randonnée. Les longs itinéraires de randonnée qui serpentent à travers le pays offrent une immersion totale dans la beauté brute et la tranquillité de la nature islandaise. De vastes champs de lave, des glaciers imposants, des sources chaudes naturelles et des montagnes majestueuses constituent le décor de ces aventures pédestres.

Un des itinéraires de randonnée les plus célèbres est le Laugavegur, qui s'étend sur environ 55 kilomètres entre Landmannalaugar et Þórsmörk. Ce trek expose le randonneur à une variété impressionnante de terrains, allant des sources géothermiques colorées aux champs de neige éternelle. C'est une expérience unique, plongeant le visiteur au cœur de l'Islande sauvage et préservée.

Pour ceux qui recherchent une aventure encore plus longue, le Fimmvörðuháls, une randonnée de 25 kilomètres, peut être ajouté au Laugavegur, créant un parcours combiné de près de 80 kilomètres. Cette extension mène les randonneurs au-delà de Þórsmörk, à travers des champs de lave spectaculaires et jusqu'à la côte sud de l'Islande.

Ces longues randonnées islandaises ne sont pas pour les âmes sensibles, mais elles offrent des récompenses inégalées sous forme de vues époustouflantes et de souvenirs impérissables. Elles demandent une bonne préparation et un respect de la nature, mais pour ceux qui relèvent le défi, l'expérience est véritablement magique.

## Fait 27 - Les mystérieuses aurores polaires

Les aurores polaires, également connues sous le nom d'aurores boréales, sont un phénomène naturel spectaculaire qui fascine et attire de nombreux visiteurs en Islande chaque année. Ces lumières dansantes dans le ciel nocturne sont le résultat de collisions entre des particules chargées émises par le soleil et l'atmosphère terrestre. L'Islande, située juste en dessous du cercle arctique, offre un des meilleurs spots au monde pour observer ce phénomène enchanteur.

La meilleure période pour observer les aurores en Islande est entre septembre et avril, lorsque les nuits sont les plus longues. Les conditions idéales incluent un ciel clair et une faible pollution lumineuse, c'est pourquoi de nombreux visiteurs choisissent de s'aventurer en dehors de la ville pour augmenter leurs chances d'assister à ce spectacle. Le parc national de Þingvellir et la région de la péninsule de Reykjanes sont des endroits particulièrement prisés pour l'observation des aurores.

Bien que les aurores soient souvent vertes, elles peuvent aussi apparaître en rose, violet, rouge, jaune et bleu, créant un spectacle coloré dans le ciel nocturne. L'intensité et la forme des aurores peuvent varier, allant de simples bandes de lumière à des rideaux dansants qui remplissent tout le ciel.

Ce phénomène reste enveloppé de mystère et de fascination, ajoutant une touche de magie à l'expérience islandaise. Pour le visiteur patient et chanceux, assister à une aurore polaire en Islande est une expérience inoubliable, un moment où la nature dévoile son art le plus époustouflant.

## Fait 28 - Le musée national d'Islande

Le musée national d'Islande, situé dans la capitale, Reykjavik, est un trésor qui te plonge dans l'histoire fascinante et riche de l'île. Créé en 1863, ce musée est une institution de renom, abritant des artefacts allant de l'époque des Vikings à la période contemporaine, offrant un aperçu unique de l'évolution de la société islandaise au fil des siècles.

En parcourant ses salles, tu découvriras des objets qui racontent l'histoire des premiers colons, des sagas islandaises, de la conversion du pays au christianisme, et bien d'autres moments clés de son passé. Par exemple, le trône de Valdemar II de Danemark y est exposé, témoignant des relations étroites entre l'Islande et ses voisins nordiques.

Outre ses expositions permanentes, le musée propose régulièrement des expositions temporaires qui mettent en lumière divers aspects de la culture islandaise. Que tu sois un passionné d'histoire ou simplement curieux, le musée offre une expérience immersive, enrichie par des multimédias interactifs et des installations modernes.

Ne manque pas l'occasion de visiter ce musée lors de ton passage à Reykjavik. C'est une étape incontournable pour comprendre l'âme et l'histoire de l'Islande, ainsi que le courage et la résilience de ses habitants.

## Fait 29 - Les plats à base de mouton

En Islande, le mouton est bien plus qu'un simple animal d'élevage; il fait partie intégrante de la cuisine locale. Depuis des siècles, les Islandais ont su tirer parti de cet animal robuste, capable de braver les conditions climatiques extrêmes de l'île. Aujourd'hui encore, la viande de mouton est un ingrédient phare dans de nombreux plats traditionnels islandais.

L'un des plats les plus emblématiques est le "hangikjöt", du mouton fumé, souvent servi lors des fêtes de Noël et du Nouvel An. La viande est fumée selon une méthode traditionnelle, lui conférant une saveur unique et un arôme envoûtant. Accompagnée de pommes de terre, de sauce blanche et de petits pois, elle constitue un repas festif apprécié de tous.

En outre, l'Islande est aussi réputée pour ses plats plus rustiques, comme le "svid", une tête de mouton bouillie. Bien que cette spécialité puisse surprendre, elle témoigne de la volonté islandaise de ne rien gaspiller et de la capacité d'adaptation des habitants à leur environnement.

Le mouton islandais, avec son goût riche et sa texture tendre, est un élément central de la gastronomie locale. En le dégustant, tu t'imprègnes d'une longue tradition culinaire et découvres un aspect authentique et savoureux de l'Islande.

## Fait 30 - Les chants traditionnels islandais

La musique occupe une place centrale dans la culture islandaise, et les chants traditionnels en sont un pilier incontournable. Ces mélodies, transmises de génération en génération, sont le reflet de l'histoire et des mythes de l'Islande, offrant ainsi un aperçu fascinant du patrimoine culturel du pays. Les Islandais ont conservé ces chants avec beaucoup de ferveur, les considérant comme un trésor national.

Les "rímur" sont parmi les formes les plus traditionnelles de chant en Islande. Il s'agit de poèmes épiques chantés, souvent accompagnés de musique, qui racontent des histoires de héros, de légendes et d'aventures. Ces performances peuvent durer plusieurs heures et requièrent une grande maîtrise vocale et une connaissance approfondie de la poésie islandaise.

Les "tvísöngur" sont une autre forme de chant islandais, caractérisés par des harmonies à deux voix qui créent une résonance unique et envoûtante. Cette technique vocale particulière était traditionnellement utilisée pour travailler en groupe, en particulier parmi les pêcheurs et les fermiers, créant ainsi un sentiment de cohésion et de solidarité.

En te plongeant dans les chants traditionnels islandais, tu découvres une facette intime et puissante de la culture islandaise, un lien vivant avec le passé qui continue de résonner dans le cœur des Islandais aujourd'hui. C'est une invitation à explorer les profondeurs de l'âme islandaise, à travers les mélodies et les histoires qui ont façonné cette terre mystérieuse.

## Fait 31 - L'énergie du sol islandais

L'Islande est célèbre pour son utilisation pionnière de l'énergie géothermique, tirant parti de la chaleur intense qui émane de son sol volcanique. Cette source d'énergie renouvelable est utilisée pour alimenter les maisons, les industries et même les serres où poussent fruits et légumes, permettant une autosuffisance remarquable en énergie verte. En te baladant en Islande, tu verras des champs de vapeur s'échappant du sol, témoins visuels de cette force naturelle.

La centrale géothermique de Hellisheiði, située à une trentaine de kilomètres de Reykjavik, est l'une des plus grandes centrales géothermiques au monde. Elle offre un exemple impressionnant de la manière dont les Islandais ont su domestiquer cette énergie pour leurs besoins quotidiens. L'eau chaude provenant du sol est non seulement utilisée pour produire de l'électricité, mais aussi pour chauffer les habitations via un réseau de tuyaux isolés qui parcourent des kilomètres.

Le Blue Lagoon, célèbre spa géothermique islandais, est un autre exemple de la manière dont l'énergie du sol est mise à profit. L'eau riche en minéraux est réputée pour ses propriétés curatives et attire des visiteurs du monde entier. Ce site illustre parfaitement la capacité des Islandais à allier tourisme et utilisation durable des ressources naturelles.

En utilisant l'énergie géothermique, l'Islande montre la voie vers un avenir plus durable, exploitant les forces de la nature de manière responsable.

# Fait 32 - Les baleines dans les eaux islandaises

Les eaux froides et riches en nutriments qui entourent l'Islande sont un habitat idéal pour une variété impressionnante de baleines. Ces créatures majestueuses sont devenues l'une des principales attractions pour les visiteurs de l'île, qui peuvent partir en excursion pour les observer dans leur milieu naturel. Les rorquals communs, les petits rorquals et les baleines à bosse sont parmi les espèces les plus fréquemment observées, offrant souvent des spectacles inoubliables avec leurs sauts et leurs plongeons.

Húsavík, un petit village de pêcheurs situé dans le nord de l'Islande, est particulièrement réputé pour ses excursions d'observation des baleines. Les tours organisés à partir de ce port offrent des opportunités exceptionnelles de voir ces géants des mers de près, avec des guides expérimentés qui partagent des informations fascinantes sur ces créatures et leur habitat. Les meilleures périodes pour observer les baleines en Islande vont de mai à septembre, lorsque les eaux sont plus chaudes et les baleines plus actives.

L'Islande joue également un rôle crucial dans la recherche sur les baleines et la conservation de leur habitat. Plusieurs organisations dédiées à la protection des baleines et à l'étude de leur comportement ont élu domicile sur l'île, travaillant sans relâche pour assurer la préservation de ces animaux emblématiques.

# Fait 33 - Les festivals de musique en plein air

L'Islande, avec ses paysages époustouflants et sa culture riche, est le lieu idéal pour les festivals de musique en plein air. Ces événements rassemblent des artistes locaux et internationaux, créant une atmosphère électrisante où la musique et la nature se fondent harmonieusement. Le célèbre Secret Solstice Festival, par exemple, se tient à Reykjavik pendant le solstice d'été, offrant aux participants une expérience unique avec 72 heures de soleil continu.

Les festivals en plein air en Islande ne se limitent pas à la musique électronique ou populaire; ils englobent une variété de genres, reflétant la diversité de la scène musicale islandaise. Les amateurs de musique de tous horizons se retrouvent pour célébrer leur passion commune dans des cadres naturels époustouflants, qu'il s'agisse des champs de lave, des plages de sable noir ou des vallées verdoyantes.

Outre les performances musicales, ces festivals offrent souvent d'autres activités, telles que le camping, la randonnée et même la baignade dans les sources chaudes locales. C'est l'occasion idéale pour te plonger dans la culture islandaise, profiter de la nature et faire l'expérience de la convivialité des habitants.

En participant à un festival de musique en plein air en Islande, tu repartiras avec des souvenirs inoubliables, un aperçu de la scène musicale islandaise et peut-être même une nouvelle appréciation pour la beauté naturelle. C'est une célébration de la musique, de la nature et de la communauté qui est véritablement islandaise dans son essence.

## Fait 34 - Les sources chaudes de Geysir

Les sources chaudes de Geysir, situées dans la vallée de Haukadalur en Islande, constituent un phénomène naturel fascinant et sont une véritable merveille géothermique. Geysir, le geyser le plus célèbre du site, a donné son nom à tous les autres geysers du monde. Bien qu'il ne soit plus aussi actif qu'il l'était auparavant, les éruptions passées pouvaient projeter de l'eau chaude jusqu'à 70 mètres dans les airs.

Cependant, le site de Geysir abrite d'autres geysers, dont Strokkur, qui est beaucoup plus actif et attire de nombreux visiteurs. Strokkur éclate toutes les 5 à 10 minutes, créant un spectacle époustouflant pour tous ceux qui ont la chance d'assister à ce phénomène. Les éruptions peuvent atteindre 15 à 20 mètres de haut, parfois même 40 mètres.

En plus des geysers, la région est parsemée de sources chaudes, de mares bouillonnantes et de fumerolles, offrant un aperçu de l'activité géothermique intense qui se déroule sous la surface. Cette activité est due à la position de l'Islande sur la dorsale médio-atlantique, où les plaques tectoniques de l'Amérique du Nord et de l'Eurasie se séparent.

Visiter les sources chaudes de Geysir est une expérience unique, permettant d'observer de près la puissance de la nature. C'est un rappel fascinant de l'activité géothermique qui a façonné et continue de façonner l'Islande, offrant aux visiteurs une expérience inoubliable et une compréhension plus profonde de la dynamique de cette île nordique.

## Fait 35 - L'amour des livres partagé

L'Islande est un pays où la lecture tient une place particulièrement importante dans la vie des habitants. Cela se traduit par un taux d'alphabétisation de presque 100 % et un amour profond pour les livres et la littérature. Ce n'est pas étonnant que Reykjavik ait été nommée l'une des villes de la littérature par l'UNESCO. Les Islandais non seulement lisent beaucoup, mais écrivent aussi : le pays a l'un des plus hauts taux d'écrivains par habitant au monde.

Chaque année, à l'approche de Noël, se produit le phénomène du "Jólabókaflóð", ou "le flot de livres de Noël". Durant cette période, une multitude de nouveaux livres sont publiés, et il est de coutume d'offrir des livres en cadeau. Les familles se réunissent alors pour lire, créant une atmosphère chaleureuse et conviviale.

Les librairies et bibliothèques jouent un rôle crucial dans cette tradition littéraire. On en trouve en abondance à travers le pays, et elles sont bien fréquentées. Les libraires sont souvent de véritables passionnés, capables de conseiller les lecteurs avec beaucoup de justesse.

Cet amour des livres contribue grandement à la richesse culturelle de l'Islande. Il nourrit la créativité, favorise le partage de connaissances et renforce les liens sociaux. En te rendant en Islande, tu ne manqueras pas de ressentir cette passion pour la lecture qui imprègne la société islandaise.

## Fait 36 - Le rôle crucial des moutons

Les moutons occupent une place centrale dans l'histoire et l'économie islandaises depuis que les Vikings les ont introduits sur l'île il y a plus de mille ans. Ils se sont adaptés au climat rigoureux, devenant une ressource essentielle pour les habitants. La laine, produite en abondance par ces animaux, est transformée en tricots, tapis et autres articles, jouant un rôle crucial dans l'artisanat local et l'industrie du vêtement.

L'élevage ovin est une activité traditionnelle en Islande et continue d'être pratiqué dans de nombreuses fermes à travers le pays. Les moutons sont souvent en liberté pendant l'été, broutant dans les hauts plateaux, avant d'être rassemblés lors de la "Réttir", une tradition annuelle qui réunit les communautés locales. Cet événement social et culturel montre l'importance des moutons dans la société islandaise.

La viande de mouton est également un élément clé de la cuisine islandaise. Des plats traditionnels comme le "hangikjöt" (mouton fumé) ou le "svid" (tête de mouton bouillie) en sont des exemples. Ces recettes, transmises de génération en génération, témoignent de l'importance de cet animal dans l'alimentation locale.

Enfin, les moutons ont aussi un impact sur le paysage islandais. Leur pâturage aide à maintenir les terres ouvertes et à prévenir l'envahissement par les broussailles. Ils font donc partie intégrante de l'écosystème et du patrimoine culturel islandais, symbolisant la résilience et l'adaptabilité du peuple islandais face à un environnement parfois hostile.

# Fait 37 - Les oiseaux de proie islandais

Les vastes étendues sauvages de l'Islande abritent une variété fascinante d'oiseaux de proie, dont certains sont uniques à l'île. Ces oiseaux majestueux jouent un rôle crucial dans l'écosystème local, aidant à maintenir un équilibre en contrôlant les populations de petits mammifères et d'autres oiseaux. Parmi eux, le faucon gerfaut, le plus grand des faucons, est particulièrement remarquable et est même devenu l'emblème national de l'Islande.

Les amoureux de la nature et les ornithologues affluent en Islande pour observer ces créatures impressionnantes dans leur habitat naturel. L'aigle royal, avec son envergure impressionnante et ses habitudes de chasse spectaculaires, est un autre visiteur fréquent de l'île, tout comme le pygargue à queue blanche. Ces oiseaux peuvent être aperçus plongeant à grande vitesse pour attraper leur proie, offrant un spectacle fascinant pour ceux qui ont la chance de les observer.

La conservation de ces espèces est prise très au sérieux en Islande. Des programmes de surveillance et de protection sont en place pour s'assurer que ces oiseaux de proie puissent prospérer sur l'île, malgré les défis posés par les changements environnementaux et la perte d'habitat. Les efforts de conservation incluent également l'éducation du public sur l'importance de protéger ces espèces et leurs habitats.

## Fait 38 - Les éruptions du volcan Eyjafjallajökull

L'Eyjafjallajökull, un volcan situé dans le sud de l'Islande, a acquis une notoriété mondiale en 2010 lorsque son éruption a perturbé le trafic aérien à travers l'Europe. Cette éruption a projeté une énorme quantité de cendres dans l'atmosphère, ce qui a entraîné l'annulation de milliers de vols et affecté des millions de voyageurs. La particularité de cette éruption résidait dans la combinaison de la lave, de la glace et des cendres, créant des nuages de cendres qui se sont répandus sur de vastes zones.

L'Eyjafjallajökull n'est pas le seul volcan actif en Islande, mais son éruption de 2010 a mis en lumière les défis uniques que représentent les volcans islandais. Situé sous un glacier, le volcan a produit des jökulhlaups, des inondations glaciaires dévastatrices qui ont emporté des routes et des fermes. Ces phénomènes sont particulièrement fréquents en Islande en raison de la présence de nombreux volcans sous des calottes glaciaires.

Malgré les perturbations, l'éruption de l'Eyjafjallajökull a également eu des effets positifs, notamment en stimulant le tourisme en Islande. Des curieux du monde entier sont venus pour voir le volcan et les magnifiques paysages modelés par l'activité volcanique. Le spectacle naturel des coulées de lave, des nuages de cendres et des inondations glaciaires a attiré l'attention sur la puissance et la beauté de la nature islandaise.

## Fait 39 - L'histoire des premiers colons

L'Islande a une histoire fascinante, et celle de ses premiers colons en est un chapitre captivant. Il est largement admis que l'Islande a été découverte et colonisée au 9ème siècle par les Vikings, des navigateurs et guerriers scandinaves. L'un des premiers à s'y installer fut Ingólfur Arnarson, qui a fondé Reykjavik, la capitale actuelle, en 874. Les sagas islandaises, un ensemble de récits épiques, racontent ces histoires de découverte et d'établissement avec une richesse de détails fascinante.

Le mode de vie des premiers Islandais était rudimentaire et dépendait étroitement des ressources naturelles disponibles. Ils pratiquaient l'agriculture, l'élevage, la pêche et la chasse pour survivre dans des conditions souvent difficiles. Leur société était organisée en petits groupes, avec des chefs de famille influents et un système légal qui préfigurait le parlement actuel de l'Islande, l'Alþingi, fondé en 930.

La période de colonisation de l'Islande est également marquée par la diversité de ses colons. Bien que principalement d'origine nordique, il y avait aussi des Celtes, notamment des Écossais et des Irlandais, parmi les premiers habitants. Cette diversité a contribué à forger la culture et l'identité uniques de l'Islande.

L'histoire des premiers colons islandais est une source d'inspiration et de fierté pour les Islandais d'aujourd'hui. Elle témoigne de la résilience, de l'ingéniosité et de la force de caractère nécessaires pour survivre et prospérer dans l'environnement exigeant de l'Islande.

# Fait 40 - Les instruments de musique anciens

L'Islande, avec sa riche histoire et sa culture unique, a développé au fil des siècles des instruments de musique qui lui sont propres. Parmi eux, le langspil et le fiðla tiennent une place particulière. Le langspil, d'origine islandaise et scandinave, est un instrument à cordes joué avec un archet, produisant une mélodie douce et envoûtante. Il est souvent fabriqué de manière artisanale, utilisant du bois local et d'autres matériaux naturels.

Le fiðla est un autre instrument traditionnel islandais, moins connu mais tout aussi fascinant. Il ressemble à une petite lyre et est joué avec les doigts ou un petit plectre. Les sonorités produites par le fiðla sont uniques et évoquent les vastes paysages et la nature sauvage de l'Islande. Bien que ces instruments ne soient plus aussi couramment utilisés aujourd'hui, ils jouent un rôle crucial dans la préservation de la tradition musicale islandaise.

Des efforts sont faits pour conserver ces traditions et enseigner les techniques de jeu aux nouvelles générations. Des ateliers et des cours sont proposés pour ceux qui sont intéressés par l'apprentissage de ces instruments anciens. Ainsi, l'Islande veille à perpétuer son héritage musical et à le partager avec le monde.

Ces instruments ne sont pas seulement des reliques du passé; ils sont une fenêtre ouverte sur la culture islandaise, ses origines et son évolution. Ils témoignent de la capacité du peuple islandais à créer de la beauté et de l'art dans un environnement souvent rude et exigeant.

## Fait 41 - Les baleines à bosse en Islande

Les eaux froides et riches en nutriments de l'Islande sont un habitat idéal pour les baleines à bosse, qui y affluent pour se nourrir durant les mois d'été. Ces créatures majestueuses, pouvant atteindre jusqu'à 16 mètres de long et peser jusqu'à 30 tonnes, sont connues pour leurs acrobaties spectaculaires et leurs chants mélodieux. Elles attirent de nombreux visiteurs chaque année, désireux d'assister à ces performances marines étonnantes.

Le tourisme d'observation des baleines est devenu une activité importante en Islande, contribuant significativement à l'économie locale. Les tours organisés offrent aux touristes l'opportunité de voir les baleines dans leur habitat naturel, tout en sensibilisant à la conservation de ces géants des océans. Husavik, surnommée la "capitale de l'observation des baleines en Islande", est particulièrement célèbre pour ces excursions.

Cependant, la présence des baleines à bosse en Islande n'est pas sans défis. Elles sont menacées par les changements climatiques, la pollution et les activités humaines. Des efforts de conservation sont donc essentiels pour assurer leur protection. Les chercheurs et les biologistes marins travaillent inlassablement pour étudier ces animaux et promouvoir des pratiques durables.

En visitant l'Islande et en participant à des tours d'observation des baleines responsables, tu contribues à soutenir ces efforts de conservation tout en vivant une expérience inoubliable.

## Fait 42 - Le phénomène des aurores boréales

L'Islande est l'une des meilleures destinations au monde pour observer les aurores boréales, ces mystérieux rideaux de lumière qui dansent dans le ciel nocturne. Ces phénomènes lumineux sont causés par des particules chargées éjectées du soleil qui entrent en collision avec les molécules et les atomes de l'atmosphère terrestre. Cette interaction produit de la lumière, créant le spectacle éblouissant des aurores.

Le meilleur moment pour observer les aurores boréales en Islande est pendant les mois d'hiver, de septembre à avril, lorsque les nuits sont les plus longues et le ciel est suffisamment sombre. Les régions éloignées, loin des lumières de la ville, offrent les meilleures vues sur ce phénomène, avec des endroits comme Thingvellir National Park et les fjords de l'Ouest étant des choix populaires.

L'Islande offre également une variété de tours guidés dédiés à l'observation des aurores boréales, où des experts aident à localiser le meilleur endroit pour observer ce phénomène et expliquent la science qui se cache derrière ces lumières fascinantes. Ces tours ajoutent une dimension éducative à l'expérience, enrichissant la compréhension de ce spectacle naturel.

Observer les aurores boréales est une expérience magique et presque surréaliste, te laissant avec des souvenirs inoubliables. La danse des lumières dans le ciel islandais, avec ses nuances de vert, de rose et de violet, est un rappel de la beauté et de la puissance de la nature, et un spectacle que tu ne voudras pas manquer lors de ta visite en Islande.

## Fait 43 - Les contes des anciens Islandais

La tradition orale a joué un rôle crucial dans la préservation de l'histoire et de la culture islandaises. Avant l'ère de l'imprimerie, les anciens Islandais partageaient des sagas, des histoires épiques qui racontaient les exploits des Vikings, leurs voyages, leurs combats et leurs quêtes de pouvoir. Ces sagas sont devenues une partie intégrante du patrimoine culturel islandais, transmises de génération en génération.

Les sagas sont écrites dans un style particulier, avec un langage qui reste proche de l'islandais ancien. Cela a aidé à préserver la langue et a permis aux Islandais modernes de lire les sagas dans leur forme originale. Les exemples les plus célèbres incluent la Saga d'Egill, la Saga de Njáll, et la Saga des Gens de Laxárdal.

Ces histoires ne sont pas seulement des récits de guerriers et de batailles; elles offrent aussi un aperçu de la société islandaise de l'époque, révélant les normes sociales, les systèmes juridiques, et les croyances religieuses. Les sagas ont également joué un rôle crucial dans la préservation des mythes et légendes nordiques, enregistrant les histoires des dieux, des géants et des créatures mythiques.

Aujourd'hui, les sagas continuent d'être une source de fierté pour les Islandais et un domaine d'étude important pour les chercheurs du monde entier. Elles attirent les amateurs d'histoire et de littérature, offrant une fenêtre sur le passé et inspirant une nouvelle génération de conteurs.

## Fait 44 - Les oies sauvages en Islande

L'Islande est bien connue pour sa nature sauvage et ses paysages époustouflants, et cela inclut une variété impressionnante d'oiseaux sauvages. Parmi eux, les oies sauvages occupent une place spéciale, avec plusieurs espèces qui choisissent l'Islande pour nidifier pendant les mois d'été. Ces oiseaux migrateurs parcourent des milliers de kilomètres pour rejoindre l'Islande depuis leurs quartiers d'hiver en Europe et en Afrique du Nord.

Les oies sauvages en Islande ne sont pas seulement un spectacle magnifique pour les ornithologues et les amateurs de nature; elles jouent aussi un rôle crucial dans l'écosystème local. En grattant le sol à la recherche de nourriture, elles aident à disperser les graines et à fertiliser le sol, contribuant à la santé générale des habitats naturels islandais. Parmi les espèces présentes, on trouve l'oie à bec court, l'oie cendrée et l'oie des moissons.

La saison de nidification des oies sauvages en Islande s'étend généralement de mai à septembre. Durant cette période, il n'est pas rare de les voir en grands groupes, se nourrissant dans les champs ou se reposant dans les zones humides. Ces rassemblements offrent des opportunités uniques pour l'observation de la faune et la photographie, attirant des visiteurs du monde entier.

L'Islande prend des mesures actives pour protéger ses oies sauvages et leurs habitats, reconnaissant leur importance tant pour la biodiversité que pour l'attrait touristique.

## Fait 45 - Les chevaux islandais, petits mais costauds

Les chevaux islandais sont une race unique et fascinante, reconnus pour leur petite taille, mais ne te méprends pas, ils sont incroyablement robustes et forts. Descendants des chevaux amenés en Islande par les Vikings au 9e siècle, ils ont évolué pour s'adapter aux conditions difficiles de l'île, ce qui les a rendus résistants et endurants. Malgré leur stature modeste, ils sont capables de porter des adultes et ont une longévité impressionnante, vivant souvent bien dans la trentaine.

Ce qui distingue vraiment les chevaux islandais, c'est leur allures. En plus des trois allures classiques - le pas, le trot et le galop - ils maîtrisent le tölt, une allure à quatre temps qui offre un confort remarquable au cavalier, et parfois même l'amble, une allure rapide et fluide. Ces allures supplémentaires font des chevaux islandais des montures exceptionnelles, particulièrement appréciées pour les longues randonnées à travers les paysages sauvages de l'Islande.

Les Islandais sont incroyablement fiers de leur race équine nationale et ont instauré des règles strictes pour la protéger. Il est interdit d'importer des chevaux en Islande et une fois qu'un cheval islandais a quitté l'île, il ne peut plus y revenir, tout cela dans le but de préserver la pureté de la race et de protéger les chevaux locaux des maladies équines étrangères.

Les chevaux islandais jouent un rôle important dans la culture et l'histoire islandaises, et ils continuent d'être une source de joie et de fierté pour les habitants et les visiteurs de l'île.

## Fait 46 - L'ancêtre de l'islandais

L'islandais que tu entends parler aujourd'hui a une histoire riche et fascinante, puisant ses origines dans les langues nordiques anciennes. Lorsque les Vikings, principalement originaires de Norvège, ont commencé à s'installer en Islande au 9ème siècle, ils ont apporté avec eux leur langue, le vieux norrois, qui est devenu l'ancêtre direct de l'islandais moderne. Cette langue ancienne était riche et complexe, avec un système de déclinaison élaboré et un vocabulaire vaste.

Au fil des siècles, tandis que les langues scandinaves continentales ont évolué et subi de nombreux changements, l'islandais est resté remarquablement proche de sa forme originelle. Cela est en partie dû à l'isolement géographique de l'Islande, qui a protégé la langue de nombreuses influences extérieures. Les Islandais d'aujourd'hui peuvent encore lire et comprendre les sagas écrites en vieux norrois au Moyen Âge, un lien direct et vivant avec leur passé.

La préservation de la langue islandaise a toujours été une priorité pour les Islandais, et de nombreux efforts sont faits pour maintenir sa pureté. L'Académie islandaise est chargée de créer de nouveaux mots pour les concepts modernes, préférant puiser dans le riche héritage linguistique de l'île plutôt que d'emprunter des mots étrangers.

L'islandais est donc bien plus qu'une simple langue; c'est un lien tangible avec l'histoire et la culture islandaises, un fil conducteur qui relie les générations et permet aux Islandais de se plonger dans leur riche héritage culturel chaque fois qu'ils parlent ou lisent leur langue unique.

## Fait 47 - Les champs de lave figée

En te baladant en Islande, tu remarqueras peut-être les vastes étendues de lave figée, témoignant de l'activité volcanique intense qui a façonné cette île au fil des millénaires. Ces champs de lave, appelés "hraun" en islandais, sont le résultat d'éruptions volcaniques qui ont projeté de la lave en fusion à la surface de la terre, laissant derrière elles des formations rocheuses étonnantes une fois refroidies. L'un des exemples les plus connus est le champ de lave d'Eldhraun, créé par une éruption massive au 18ème siècle.

Les champs de lave figée ne sont pas seulement un spectacle impressionnant; ils jouent également un rôle crucial dans l'écosystème islandais. Avec le temps, la mousse et d'autres végétations commencent à coloniser la surface rugueuse de la lave, créant un habitat unique pour une variété de plantes et d'animaux. Ce processus de colonisation peut prendre des siècles, témoignant de la résilience de la nature face à des conditions environnementales extrêmes.

Pour les Islandais, ces champs de lave sont une partie intégrante de leur paysage et de leur histoire. Ils sont souvent associés à des légendes et des histoires du folklore islandais, ajoutant une couche de mystère et d'enchantement à ces formations naturelles déjà fascinantes. En visitant ces champs de lave, tu ne te contentes pas de découvrir la puissance brute de la nature, mais tu plonges également dans le riche tissu culturel de l'Islande.

## Fait 48 - Le savoir-faire en construction navale

L'Islande, avec ses vastes étendues d'eau et son histoire maritime riche, a développé au fil des siècles un savoir-faire exceptionnel en matière de construction navale. Les bateaux étaient essentiels pour les Islandais, que ce soit pour la pêche, le transport ou l'exploration, et cette nécessité a donné naissance à des techniques de construction navale uniques et efficaces. Les designs traditionnels des bateaux islandais sont adaptés aux conditions difficiles de l'Atlantique Nord, avec des coques robustes et une manœuvrabilité exceptionnelle.

Les matériaux utilisés pour la construction de ces bateaux provenaient principalement de ressources locales. Le bois était rare et précieux en Islande, ce qui a poussé les constructeurs à faire preuve d'ingéniosité, utilisant des matériaux comme les côtes de baleine et les peaux d'animaux pour renforcer et imperméabiliser leurs bateaux. Cette approche durable et respectueuse de l'environnement est un témoignage de la relation étroite entre les Islandais et leur environnement naturel.

Même si aujourd'hui l'Islande a adopté des technologies modernes dans la construction navale, l'intérêt pour les techniques traditionnelles perdure. Il existe des associations et des passionnés qui se consacrent à la préservation et à la pratique de ces méthodes ancestrales. Les bateaux traditionnels islandais sont souvent utilisés lors de festivals et d'événements culturels, célébrant ainsi le riche héritage maritime de l'île.

## Fait 49 - Le goût sucré du skyr

Le skyr, un produit laitier emblématique de l'Islande, a conquis les papilles gustatives bien au-delà des frontières de cette île nordique. À mi-chemin entre le yaourt et le fromage frais, le skyr est fabriqué à partir de lait écrémé, une tradition qui remonte à plus de mille ans. Les Vikings auraient introduit la recette en Islande, et depuis, elle s'est transmise de génération en génération.

Riche en protéines et faible en matières grasses, le skyr est non seulement délicieux mais aussi nutritif. Il est traditionnellement consommé avec du lait et du sucre, mais ces dernières années, il a gagné en popularité en tant qu'ingrédient dans diverses recettes, des smoothies aux desserts. Les producteurs de skyr ont également commencé à expérimenter avec différentes saveurs, ajoutant une touche moderne à ce produit ancestral.

En Islande, le skyr fait partie intégrante de l'identité culinaire nationale. Il est couramment consommé au petit-déjeuner, en collation ou en dessert. Les Islandais sont fiers de leur skyr et aiment partager cette tradition culinaire avec les visiteurs, les encourageant à goûter ce produit unique.

Lors de ta visite en Islande, ne manque pas l'occasion de goûter au skyr authentique, directement à la source. C'est une expérience culinaire qui te plongera au cœur des traditions islandaises et te permettra de comprendre pourquoi ce produit laitier a traversé les siècles, restant un favori parmi les Islandais.

## Fait 50 - Les plages de sable noir

L'Islande est célèbre pour ses paysages époustouflants et uniques, et les plages de sable noir sont sans aucun doute l'une des merveilles naturelles les plus emblématiques de l'île. Ces étendues extraordinaires de sable sombre sont le résultat de l'activité volcanique intense de la région, qui a façonné le paysage au fil des millénaires. Le sable noir provient de la désintégration de la roche basaltique, une roche volcanique très répandue en Islande.

La plage de Reynisfjara, près du petit village de Vík, est probablement la plus célèbre des plages de sable noir d'Islande. Elle est connue pour ses impressionnantes formations rocheuses, ses colonnes de basalte et ses puissantes vagues de l'Atlantique. Mais attention, la beauté de cet endroit cache également des dangers : les vagues sont imprévisibles et peuvent être extrêmement puissantes, il est donc crucial de rester vigilant et de respecter les consignes de sécurité.

Outre Reynisfjara, il existe de nombreuses autres plages de sable noir à découvrir en Islande, chacune avec son propre caractère unique. De Djúpalónssandur dans la péninsule de Snæfellsnes à Stokksnes avec sa vue imprenable sur le mont Vestrahorn, ces plages offrent des panoramas à couper le souffle et des expériences inoubliables.

Se promener sur une plage de sable noir en Islande, c'est comme marcher dans un autre monde, une expérience à la fois surréaliste et envoûtante. C'est un rappel de la puissance de la nature et de la beauté unique qui peut émerger des forces les plus tumultueuses de la Terre.

## Fait 51 - Les macareux moines, oiseaux emblématiques

Les macareux moines sont de petits oiseaux marins qui ont conquis le cœur de nombreux visiteurs en Islande, et pour cause, leur apparence charmante et leurs couleurs vives les rendent absolument irrésistibles. Avec leur plumage noir et blanc, leur gros bec orange et leurs yeux soulignés d'un trait noir, ils sont facilement reconnaissables et ont même valu à l'Islande le surnom de "capitale mondiale des macareux". En effet, durant la saison de reproduction, la population de macareux en Islande peut atteindre plusieurs millions d'individus.

Les falaises islandaises offrent un habitat idéal pour ces oiseaux, qui creusent des terriers dans le sol meuble pour y pondre leurs œufs. L'île de Látrabjarg, située dans les fjords de l'Ouest, est l'un des meilleurs endroits pour observer ces oiseaux fascinants. Les macareux y sont tellement nombreux et habitués à la présence humaine qu'il est possible de les approcher de très près, offrant ainsi des opportunités inégalées pour les photographier.

Malheureusement, comme de nombreuses autres espèces à travers le monde, les macareux sont confrontés à des défis liés aux changements climatiques et à la surpêche, qui affectent leur source de nourriture. Les efforts de conservation sont donc cruciaux pour assurer la survie de ces oiseaux emblématiques en Islande.

## Fait 52 - Les bains chauds en hiver

L'Islande est célèbre pour ses sources d'eau chaude naturelles, et il est de tradition pour les locaux et les visiteurs de s'immerger dans ces bains chauds, surtout pendant les mois d'hiver rigoureux. L'eau chaude et riche en minéraux offre non seulement un moment de détente, mais possède également des propriétés thérapeutiques reconnues. Le Blue Lagoon, situé à une courte distance de la capitale Reykjavik, est l'un des bains géothermiques les plus célèbres du pays, attirant des visiteurs du monde entier.

Cependant, l'Islande abrite également une multitude de sources chaudes moins connues et plus isolées, qui offrent une expérience plus authentique et intime. Dans ces eaux chaudes, entouré de paysages hivernaux époustouflants, tu peux te détendre tout en admirant les aurores boréales dansant dans le ciel nocturne, créant une expérience magique et inoubliable. Les Islandais, connus pour leur amour du bien-être, fréquentent régulièrement ces bains tout au long de l'année, faisant de cette activité une partie intégrante de la culture locale.

Ces bains ne sont pas seulement des lieux de détente, mais aussi des espaces sociaux où les gens se réunissent pour discuter, rire et partager des histoires. Ainsi, en plus de profiter des bienfaits pour la santé, plonger dans un bain chaud en Islande est une opportunité unique d'interagir avec les locaux et de s'immerger dans la vie islandaise. En brisant la glace, au sens propre comme au figuré, tu découvriras une facette chaleureuse et accueillante de l'Islande, même en plein hiver.

## Fait 53 - L'étonnant lac Mývatn

Le lac Mývatn, situé dans le nord de l'Islande, est un joyau naturel aux caractéristiques géologiques remarquables. Formé par une éruption volcanique il y a plus de 2 000 ans, le lac et ses environs offrent une variété stupéfiante de formations rocheuses, de cratères et de sources chaudes. Les amateurs de géologie et de nature sont ainsi attirés par cette région unique, considérée comme l'un des endroits les plus fascinants d'Islande.

Outre son intérêt géologique, le lac Mývatn est également un paradis pour les ornithologues. Pendant les mois d'été, des milliers d'oiseaux, dont de nombreuses espèces de canards, viennent nidifier dans les alentours du lac. C'est l'une des rares régions du monde où l'on peut observer une telle diversité d'espèces de canards en un seul endroit, rendant la région incontournable pour les passionnés d'observation des oiseaux.

La région du lac Mývatn est également connue pour ses phénomènes géothermiques, avec des sources chaudes bouillonnantes et des champs de fumerolles à explorer. Le site de Hverir, par exemple, offre un paysage lunaire de sols colorés, de mares de boue en ébullition et de vapeurs soufrées s'échappant du sol, offrant une expérience sensorielle unique et un aperçu fascinant des forces géothermiques à l'œuvre.

Visiter le lac Mývatn, c'est donc s'immerger dans un monde où la nature exprime toute sa puissance et sa beauté. Que tu sois passionné de géologie, d'ornithologie ou simplement à la recherche de paysages époustouflants, cette région te réserve des découvertes et des expériences inoubliables.

## Fait 54 - L'art contemporain islandais

L'art contemporain en Islande est un domaine fascinant, marqué par une grande créativité et une forte connexion avec la nature et les éléments. Les artistes islandais puisent souvent leur inspiration dans les paysages sauvages et mystiques du pays, créant des œuvres qui reflètent la beauté, la puissance et parfois l'isolement de leur environnement. Cela donne lieu à des œuvres uniques, empreintes de la force et de la majesté de la nature islandaise.

Reykjavik, la capitale, abrite de nombreuses galeries d'art et des espaces d'exposition dédiés à l'art contemporain. Le Musée d'Art de Reykjavik, par exemple, présente une collection impressionnante d'œuvres d'artistes islandais contemporains, offrant aux visiteurs un aperçu de la scène artistique locale. Des installations, de la peinture, de la sculpture et des œuvres multimédia sont régulièrement exposées, témoignant de la diversité et de la richesse de l'art islandais.

Des artistes tels que Olafur Eliasson ont acquis une renommée internationale, portant l'art islandais sur la scène mondiale. Les œuvres d'Eliasson, souvent inspirées par la nature et les phénomènes naturels, explorent la manière dont nous percevons et interagissons avec notre environnement, invitant à une réflexion profonde sur notre relation avec le monde naturel.

En t'immergeant dans l'art contemporain islandais, tu découvriras donc une scène artistique vibrante, intimement liée à la nature et aux éléments, et qui invite à la réflexion.

## Fait 55 - Les piscines comme lieu de vie

En Islande, les piscines sont bien plus que des lieux pour nager ; elles sont de véritables espaces sociaux où les gens se retrouvent pour discuter, se détendre et profiter de la chaleur. La géothermie, abondante dans le pays, permet de chauffer ces piscines à l'extérieur, créant ainsi des havres de bien-être, même en plein hiver. C'est dans ces bassins d'eau chaude que les Islandais aiment à se relaxer après une journée de travail, échangeant les dernières nouvelles et potins.

Reykjavik, la capitale, compte plusieurs de ces piscines, très fréquentées par les habitants de tous âges. La piscine de Laugardalslaug est particulièrement populaire, avec ses bassins d'eau chaude, ses saunas et son grand bassin de natation. Les piscines en Islande ne sont pas simplement des lieux de loisirs, mais des centres communautaires où les liens sociaux se tissent.

Le rituel du bain en piscine est ancré dans la culture islandaise, héritage des traditions nordiques de bains chauds en plein air. Même dans les petits villages, tu trouveras une piscine, preuve de l'importance de ces espaces dans la vie quotidienne des Islandais.

Ainsi, prendre un bain dans une piscine en Islande n'est pas juste une expérience rafraîchissante, c'est une immersion dans une facette essentielle de la culture islandaise. C'est l'occasion de vivre comme un local, de partager des moments de convivialité et de comprendre pourquoi les piscines sont tant aimées en Islande.

## Fait 56 - L'Islande, un pays sans armée

L'Islande se distingue sur la scène internationale par son absence d'armée. C'est l'un des rares pays au monde à ne pas posséder de forces armées, une particularité qui suscite souvent la curiosité. Depuis l'abrogation de son armée en 1869, l'Islande a misé sur la diplomatie et la coopération internationale pour assurer sa sécurité et promouvoir la paix.

Cela ne signifie pas pour autant que l'Islande est sans défense. Le pays est membre de l'OTAN depuis 1949 et compte sur ses alliés pour assurer sa sécurité en cas de besoin. De plus, l'Islande possède une force de police et une unité de garde-côtes, responsables de la sécurité intérieure et de la surveillance des eaux territoriales.

L'absence d'armée est devenue une partie intégrante de l'identité nationale islandaise, reflétant les valeurs de paix et de coopération qui sont chères au pays. L'Islande est régulièrement classée parmi les nations les plus pacifiques du monde, selon l'Indice de la Paix Globale.

En faisant le choix de vivre sans armée, l'Islande démontre qu'il est possible de prospérer en mettant l'accent sur la paix, la diplomatie et la coopération internationale. C'est un exemple unique qui interpelle et inspire, montrant qu'un autre chemin est possible dans les relations internationales.

## Fait 57 - Les manuscrits médiévaux sauvegardés

L'Islande est un véritable trésor pour les amateurs d'histoire et de littérature médiévale. Au fil des siècles, les Islandais ont su préserver un grand nombre de manuscrits anciens, datant principalement du XIIe au XIVe siècle. Ces documents, écrits en vieux norrois, sont indispensables pour comprendre non seulement l'histoire de l'Islande, mais aussi celle de toute la région nordique.

Les sagas islandaises, récits épiques de héros, de dieux et de guerriers, sont les pièces maîtresses de cette collection précieuse. Elles sont conservées avec grand soin dans des institutions telles que l'Institut Árni Magnússon à Reykjavik. Parmi ces manuscrits, la Saga de Njáll et la Saga des Gens de Laxárdal sont particulièrement célèbres et étudiées dans le monde entier.

Ces manuscrits ne sont pas seulement des récits fascinants ; ils sont aussi une source inestimable d'informations sur la langue, la culture et la société islandaises médiévales. Ils témoignent de la richesse littéraire de l'Islande et de son engagement profond envers la préservation de son héritage culturel.

Ainsi, en plongeant dans ces pages anciennes, tu t'offres un voyage dans le temps, découvrant les racines profondes de l'Islande et les histoires épiques qui ont façonné son identité. C'est un patrimoine unique qui continue de fasciner et d'inspirer, soulignant l'importance de la sauvegarde du passé pour les générations futures.

## Fait 58 - Les festivals de films islandais

L'Islande, bien qu'étant un pays de petite taille, joue un rôle non négligeable dans le monde du cinéma international, en partie grâce à ses festivals de films renommés. Ces événements attirent des réalisateurs, acteurs et cinéphiles du monde entier, désireux de découvrir des œuvres innovantes et captivantes. Parmi les festivals les plus prestigieux, on compte le Festival International du Film de Reykjavik, qui offre une vitrine exceptionnelle pour les films indépendants et les documentaires.

Ce festival se distingue par sa capacité à mettre en lumière des films qui sortent des sentiers battus, offrant aux spectateurs une expérience cinématographique unique. Les films islandais y tiennent une place de choix, permettant aux talents locaux de briller sur la scène internationale. Des œuvres telles que "Heima" de Sigur Rós et "Noi l'Albinos" ont ainsi pu conquérir un public plus large.

En plus de promouvoir le cinéma islandais, ces festivals contribuent également à la richesse culturelle du pays. Ils créent des espaces d'échange et de discussion, renforçant les liens entre les créateurs de films islandais et internationaux. Le public islandais, très cinéphile, se prête volontiers au jeu, participant activement aux projections et aux débats.

Ainsi, les festivals de films en Islande ne sont pas seulement un rendez-vous pour les professionnels du cinéma, mais aussi une célébration de la culture et de la créativité. Ils illustrent parfaitement la passion des Islandais pour le septième art et leur volonté de partager cette passion avec le reste du monde.

## Fait 59 - Les aigles royaux en Islande

Les aigles royaux sont des oiseaux majestueux qui peuplent les cieux de l'Islande, bien que leur présence soit plutôt rare et précieuse. Ces oiseaux de proie, au plumage brun doré et à l'envergure impressionnante, ont toujours fasciné les habitants de l'île et les visiteurs chanceux qui parviennent à les apercevoir. Ils nichent principalement dans les montagnes et les falaises escarpées, où ils peuvent surveiller leur territoire et partir en chasse.

En Islande, les aigles royaux sont protégés par la loi, ce qui souligne l'importance que le pays accorde à la conservation de sa faune unique. Les efforts de conservation ont permis de stabiliser leur population, bien qu'ils restent une espèce vulnérable. Les aigles royaux se nourrissent de mammifères de petite et moyenne taille, et leur rôle est crucial pour maintenir l'équilibre des écosystèmes.

Observer un aigle royal dans son habitat naturel est une expérience inoubliable. Leur vol silencieux et puissant, associé à leur regard perçant, inspire le respect et l'admiration. Les randonneurs et les amoureux de la nature qui explorent les régions sauvages de l'Islande gardent souvent l'œil ouvert dans l'espoir d'apercevoir ces oiseaux magnifiques.

Ainsi, les aigles royaux sont plus qu'une simple espèce animale en Islande ; ils sont un symbole de la nature sauvage et préservée qui caractérise ce pays. Leur présence rappelle l'importance de la protection de l'environnement et le privilège que représente la coexistence avec ces créatures majestueuses.

## Fait 60 - Les traditions des anciens rites

L'Islande, avec sa culture riche et ses traditions anciennes, conserve précieusement l'héritage des rites et cérémonies qui ont été pratiqués par les premiers habitants de l'île. Ces anciens rites étaient étroitement liés à la nature et aux éléments, reflétant la dépendance des Islandais envers leur environnement pour survivre. Ils avaient également un aspect spirituel fort, souvent associé au vieux culte nordique et à ses divinités.

Parmi ces traditions, le Ásatrúarfélagið, ou l'Assemblée d'Ásatrú, joue un rôle central. Fondée en 1972, cette organisation a pour but de préserver et de promouvoir les croyances et les pratiques païennes nordiques. Elle est officiellement reconnue par l'État islandais et organise régulièrement des cérémonies pour marquer les changements de saison, les naissances, les mariages et les funérailles.

Ces rites modernes s'inspirent largement des anciennes traditions, bien que leur pratique ait évolué au fil du temps. Ils sont ouverts à tous, indépendamment de leurs croyances religieuses, et sont souvent caractérisés par la récitation de poèmes, la musique et des offrandes symboliques. Ces cérémonies se déroulent généralement en plein air, dans des lieux naturels revêtant une importance particulière.

Ainsi, en t'immergeant dans la culture islandaise, tu peux ressentir la force de ces traditions ancestrales qui continuent à vivre et à inspirer les générations présentes.

## Fait 61 - Les phoques gris en Islande

Les eaux froides et riches en nutriments de l'Islande sont le foyer d'une grande diversité de vie marine, y compris les phoques gris, une espèce qui joue un rôle clé dans l'écosystème marin local. Ces mammifères marins sont facilement reconnaissables à leur grande taille et à leur fourrure grisâtre, et ils peuvent souvent être aperçus se prélassant sur les côtes rocheuses ou nageant près du rivage.

En Islande, les phoques gris sont protégés par la loi, car ils ont autrefois été chassés de manière intensive pour leur fourrure, leur graisse et leur viande. Aujourd'hui, les efforts de conservation ont contribué à stabiliser leur population, bien qu'ils soient toujours considérés comme une espèce à surveiller. Les visiteurs de l'Islande peuvent participer à des excursions d'observation des phoques, ce qui offre une opportunité unique d'admirer ces créatures fascinantes dans leur habitat naturel.

Les phoques gris jouent également un rôle important dans la culture islandaise, apparaissant dans de nombreuses légendes et histoires folkloriques. Ils sont souvent décrits comme des êtres mystiques et magiques, soulignant la connexion profonde entre les Islandais et la nature qui les entoure. Les chercheurs et les biologistes marins continuent d'étudier les phoques gris en Islande, cherchant à en apprendre davantage sur leur comportement, leur biologie et leur écologie afin de mieux les protéger et de préserver l'équilibre délicat de l'écosystème marin.

## Fait 62 - Protéger la nature sauvage

L'Islande est mondialement connue pour sa nature sauvage impressionnante, composée de paysages volcaniques, de glaciers, de sources chaudes et de vastes étendues sauvages. Protéger ces trésors naturels est une priorité pour le pays, qui a mis en place de nombreuses mesures de conservation. Le gouvernement islandais travaille activement à la préservation de ces zones, reconnaissant l'importance de maintenir l'équilibre délicat de l'écosystème.

Les parcs nationaux et les réserves naturelles jouent un rôle central dans ces efforts de conservation. Ils offrent non seulement un refuge pour la faune et la flore, mais permettent aussi aux visiteurs de découvrir la beauté brute de l'Islande de manière durable. Les rangers et les guides locaux éduquent les visiteurs sur l'importance de la préservation de l'environnement et sur les moyens de minimiser leur impact.

L'Islande est également en première ligne de la lutte contre le changement climatique, s'efforçant de réduire ses émissions de gaz à effet de serre et de promouvoir les énergies renouvelables. L'utilisation géothermique est particulièrement répandue, exploitant la chaleur naturelle de la terre pour produire de l'électricité et chauffer les maisons.

En te promenant dans les étendues sauvages islandaises, tu ressentiras l'engagement profond du pays envers la protection de la nature. Chaque pas dans ce paysage à couper le souffle est un rappel de l'importance de vivre en harmonie avec notre environnement et de préserver la beauté naturelle pour les générations futures.

## Fait 63 - La culture du café bien ancrée

En Islande, le café est bien plus qu'une simple boisson pour se réveiller le matin; il fait partie intégrante de la culture. Les Islandais sont parmi les plus grands consommateurs de café par habitant au monde, et cette passion se reflète dans la multitude de cafés de qualité que l'on trouve dans tout le pays. À Reykjavik, la capitale, tu découvriras une scène café très développée, avec de nombreux établissements offrant des grains de qualité supérieure et des méthodes de préparation diversifiées.

Le café en Islande, c'est aussi une affaire sociale. Les amis, la famille et les collègues se retrouvent souvent autour d'une tasse de café pour discuter, échanger des idées ou simplement passer du bon temps ensemble. C'est un rituel quotidien qui renforce les liens sociaux et crée un sens de la communauté. Et lors des longs mois d'hiver, quoi de mieux que de se réchauffer avec une tasse de café bien chaud ?

Les Islandais prennent leur café très au sérieux, et cela se voit dans la qualité de la boisson servie. Les baristas sont bien formés et passionnés par leur métier, veillant à ce que chaque tasse soit préparée à la perfection. En visitant l'Islande, tu te rendras vite compte que le café est bien plus qu'une habitude, c'est une véritable tradition.

Alors, si tu es un amateur de café, tu te sentiras comme chez toi en Islande. Les cafés sont accueillants, la boisson est excellente, et l'ambiance est propice à la détente et à la convivialité.

## Fait 64 - L'île des volcans endormis

L'Islande est surnommée "La Terre de Feu et de Glace", une appellation qui reflète parfaitement la dualité de son paysage. La présence de nombreux volcans endormis sur l'île en est un élément caractéristique. Ces géants assoupis jouent un rôle crucial dans la formation du paysage islandais, avec leurs anciennes éruptions ayant façonné les montagnes, les vallées et les plaines que tu peux admirer aujourd'hui.

Certains de ces volcans, bien que considérés comme endormis ou inactifs depuis des siècles, recèlent encore en eux la puissance de transformer radicalement le paysage en cas de réveil. L'Islande est en effet située sur la dorsale médio-atlantique, une frontière entre les plaques tectoniques nord-américaine et eurasienne, ce qui explique son activité géologique intense.

Les volcans endormis de l'Islande sont également une bénédiction pour le tourisme. Les visiteurs viennent du monde entier pour randonner sur ces montagnes uniques, explorer les champs de lave et les caldeiras, et se plonger dans les sources chaudes alimentées par l'activité géothermique sous-jacente. C'est une occasion unique de marcher littéralement sur une terre vivante, témoin des forces puissantes qui ont façonné notre planète.

Toutefois, il est essentiel de se rappeler que la beauté de ces paysages cache une force destructrice potentielle. Les autorités islandaises surveillent constamment l'activité sismique et volcanique pour assurer la sécurité des habitants et des visiteurs.

# Fait 65 - Les légendes de la mer

L'Islande, entourée par les eaux froides de l'Atlantique Nord, est riche en histoires et légendes liées à la mer. Ces récits, transmis de génération en génération, témoignent de la relation profonde et parfois mystique que les Islandais entretiennent avec l'océan. Les pêcheurs, qui ont longtemps constitué le cœur de l'économie islandaise, ont joué un rôle central dans la création et la préservation de ces légendes.

Parmi ces histoires, certaines parlent de créatures marines fantastiques, de sirènes et de monstres des profondeurs. L'une des plus célèbres est celle du Lagarfljótsormurinn, un serpent de mer gigantesque censé vivre dans un lac de l'est de l'Islande. Bien que ces créatures soient issues de l'imaginaire, elles ont une présence tangible dans la culture islandaise, illustrée par les nombreuses œuvres d'art et récits qui les mettent en scène.

Mais les légendes islandaises ne parlent pas seulement de monstres. Elles sont également empreintes de récits de courage et de résilience, racontant comment les pêcheurs bravent les mers déchaînées pour subvenir aux besoins de leurs familles. Ces histoires mettent en lumière les valeurs de courage, de ténacité et de respect de la nature, qui sont chères au peuple islandais.

En te promenant le long des côtes sauvages de l'Islande, tu peux ressentir l'écho de ces légendes, transporté par le vent et les vagues. Elles sont un rappel vivant de l'histoire riche et fascinante de l'Islande, et de la place centrale qu'occupe la mer dans l'âme de ce pays.

## Fait 66 - Les sagas, trésors littéraires

Les sagas islandaises sont une partie intégrante du riche patrimoine littéraire de l'Islande, écrites principalement au XIIIe siècle, mais relatant des événements qui se sont produits entre le IXe et le XIe siècle. Ces œuvres narratives en prose, écrites en vieux norrois, racontent les histoires des premiers colons islandais, de leurs descendants, et de leurs voyages à travers le monde viking. Elles offrent une fenêtre précieuse sur la vie, la culture et la société de l'époque.

Parmi les sagas les plus célèbres, on trouve la Saga des Islandais et la Saga d'Egill, qui dépeignent avec une richesse de détails les querelles familiales, les défis personnels et les aventures épiques des personnages. Ces sagas sont reconnues pour leur style narratif réaliste et leur profondeur psychologique, présentant des personnages complexes et nuancés. Elles sont considérées comme des chefs-d'œuvre de la littérature médiévale et continuent d'être étudiées et admirées dans le monde entier.

L'importance des sagas dans la culture islandaise est telle qu'elles sont enseignées dans les écoles et font l'objet de nombreuses études universitaires. Les Islandais tirent une grande fierté de cet héritage littéraire, qui joue un rôle crucial dans la préservation de leur langue et de leur histoire.

En visitant l'Islande, tu auras peut-être l'occasion de participer à des lectures de sagas ou de visiter des sites historiques liés à ces récits épiques.

# Fait 67 - Les anciennes techniques de pêche

La pêche a toujours joué un rôle crucial dans l'histoire et le développement de l'Islande, et les Islandais ont hérité de techniques de pêche ancestrales qui se sont transmises de génération en génération. Avant l'arrivée de la technologie moderne, les pêcheurs islandais s'aventuraient en mer dans de petites embarcations, bravant les éléments pour ramener leur prise. Ils utilisaient des lignes et des hameçons, et possédaient un savoir-faire particulier pour lire les signes de la nature afin de localiser les bancs de poissons.

Les techniques traditionnelles de pêche en Islande impliquaient l'utilisation de matériaux naturels. Les hameçons étaient souvent fabriqués à partir d'os ou de bois, et les lignes étaient faites de fibres végétales. Cette approche écoresponsable témoigne d'une relation harmonieuse avec l'environnement marin, essentielle pour la durabilité des ressources halieutiques.

Aujourd'hui, bien que les méthodes de pêche en Islande aient évolué avec l'adoption de technologies modernes, le respect et la valorisation des techniques traditionnelles restent vivants. De nombreux musées et festivals à travers le pays célèbrent cet héritage, offrant aux visiteurs un aperçu fascinant de l'histoire maritime islandaise.

En te plongeant dans le monde de la pêche traditionnelle islandaise, tu découvriras non seulement des techniques séculaires, mais aussi l'esprit de résilience et d'ingéniosité qui caractérise le peuple islandais.

## Fait 68 - Les récits des explorateurs vikings

L'Islande, avec son histoire riche et complexe, a été une terre d'aventure et de découverte pour les Vikings, ces navigateurs et explorateurs intrépides du Moyen Âge. Ils ont laissé derrière eux des récits fascinants, consignés dans les sagas islandaises, qui offrent un aperçu unique de leur vie, de leurs explorations et de leurs exploits. Ces textes anciens sont une véritable mine d'or pour quiconque s'intéresse à l'histoire viking et à l'époque médiévale.

L'une des sagas les plus célèbres est la Saga d'Erik le Rouge, qui raconte l'histoire d'Erik Thorvaldsson, banni d'Islande et qui partit à la découverte du Groenland. Ses aventures, ainsi que celles de son fils Leif Erikson, sont narrées avec un souci du détail qui fascine les historiens et les amateurs d'histoire. Leif Erikson est même crédité de la découverte de l'Amérique du Nord, bien avant Christophe Colomb.

Les sagas ne se contentent pas de raconter des histoires d'exploration; elles dépeignent également la vie quotidienne, les relations sociales et les systèmes juridiques de l'époque. Elles sont un témoignage vivant des croyances, des valeurs et des traditions des anciens Islandais.

En t'immergeant dans ces récits captivants, tu découvriras une facette passionnante de l'histoire islandaise, te rapprochant des esprits aventureux qui ont navigué sur les mers tumultueuses et exploré des territoires inconnus. Les sagas sont un trésor national, conservant l'héritage des explorateurs vikings pour les générations futures.

## Fait 69 - Les croyances en la magie

L'Islande est un pays où les mythes, les légendes et les croyances en la magie ont joué un rôle prépondérant tout au long de son histoire. Ces croyances ont non seulement façonné la culture islandaise, mais elles continuent d'influencer la vie quotidienne de nombreux habitants. Il n'est pas rare d'entendre des histoires de trolls, d'elfes et d'autres créatures surnaturelles parmi les Islandais.

La sorcellerie et la magie, en particulier, ont une place spéciale dans l'histoire islandaise. Au XVIIe siècle, l'Islande a même connu sa propre chasse aux sorcières, bien que moins extensive que celles d'Europe et d'Amérique du Nord. Les pratiques magiques étaient principalement centrées sur la protection, la guérison et la prévision du temps, éléments cruciaux dans un environnement aussi rude et imprévisible.

Le Musée de la Sorcellerie et de la Magie à Hólmavík est un lieu fascinant où tu peux en apprendre davantage sur cette partie intrigante de l'histoire islandaise. Il expose divers artefacts et récits liés à la magie et à la sorcellerie, offrant un aperçu unique de ces pratiques anciennes.

Aujourd'hui, bien que la société islandaise soit moderne et rationnelle, la magie et le surnaturel occupent toujours une place particulière dans le cœur de nombreux Islandais. Il n'est pas rare d'entendre des histoires de personnes qui croient aux elfes ou qui prennent en compte la présence de créatures surnaturelles lors de la planification de projets de construction. Cette fusion entre l'ancien et le moderne crée une culture riche et unique, véritablement fascinante.

## Fait 70 - Les traditions de Noël islandaises

Les traditions de Noël en Islande sont un mélange unique d'ancien et de moderne, et elles jouent un rôle crucial dans la célébration de la saison festive. Le pays a ses propres versions du Père Noël, appelées les "Yule Lads" ou "Jólasveinar" en islandais. Ces treize personnages farceurs viennent de la montagne un par un, chaque jour à partir du 12 décembre, pour taquiner les enfants et leur laisser des cadeaux ou des pommes de terre pourries, selon leur comportement.

Une tradition particulièrement chère aux Islandais est le "Jólabókaflóð", ou "le déluge de livres de Noël". Durant la période de Noël, il est coutumier d'offrir des livres en cadeaux, et les gens passent la nuit du réveillon à lire. Cette tradition a contribué à faire de l'Islande l'un des pays les plus littéraires au monde.

La nourriture joue également un rôle essentiel dans les célébrations. Le repas de Noël typiquement islandais peut comprendre du mouton fumé, du poisson séché et d'autres mets traditionnels. Les festivités de Noël sont également l'occasion de déguster des pâtisseries spéciales, telles que la "laufabrauð" ou "pain plat".

La décoration des maisons et des rues est une autre facette importante des festivités. Les lumières de Noël et les décorations ajoutent une touche magique à l'atmosphère, et de nombreux Islandais prennent le temps de décorer leur maison de manière festive. Les chants de Noël et les concerts ajoutent à l'ambiance joyeuse, faisant de Noël en Islande une expérience vraiment unique et mémorable.

## Fait 71 - Les sternes arctiques en migration

Chaque année, l'Islande devient le théâtre d'un phénomène naturel époustouflant : la migration des sternes arctiques. Ces oiseaux, qui possèdent la plus longue migration connue de tous les animaux, parcourent environ 35 000 kilomètres depuis leurs aires de reproduction en Arctique jusqu'à leurs zones d'hivernage en Antarctique, et vice versa. L'Islande est un point d'arrêt crucial dans leur périple migratoire, leur offrant un terrain de reproduction idéal.

Durant les mois d'été, les côtes et les zones humides islandaises s'animent avec le va-et-vient incessant de ces oiseaux. Ils sont facilement reconnaissables à leur plumage gris et blanc et à leur vol acrobatique. Les sternes arctiques sont connues pour être particulièrement territoriales et peuvent se montrer agressives pour protéger leur nid, un comportement qui surprend souvent les visiteurs.

Leur présence en Islande est un véritable spectacle pour les ornithologues et les amateurs de nature. Observer ces oiseaux plonger pour pêcher et nourrir leurs petits est une expérience unique. De plus, leur migration remarquable rappelle la fragilité de la nature et l'importance de protéger les habitats naturels.

La conservation de ces oiseaux est cruciale, et l'Islande joue un rôle clé dans leur protection. Des initiatives et des programmes de conservation sont en place pour assurer la sécurité de ces oiseaux et de leurs habitats pendant leur séjour sur l'île. Cette démarche de préservation souligne l'engagement de l'Islande envers la protection de la biodiversité et de la nature.

## Fait 72 - Les sagas en bandes dessinées

Les sagas islandaises, récits épiques du Moyen Âge, ont trouvé une nouvelle vie dans le monde moderne sous la forme de bandes dessinées. Ces textes anciens, racontant des histoires de guerriers, de rois et de quêtes, ont été réinterprétés par des artistes contemporains pour les rendre accessibles à un public plus large. Ces adaptations en bandes dessinées conservent l'essence des récits originaux tout en y apportant une touche moderne et visuelle.

L'un des exemples les plus notables est l'œuvre de l'artiste islandais Ólafur Jóhannsson, qui a transposé ces histoires ancestrales dans un format visuellement captivant. Son travail permet aux lecteurs de plonger dans l'univers des sagas avec une facilité et une immersion sans précédent. Les personnages prennent vie sous les coups de crayon de Jóhannsson, et les paysages islandais sont dépeints avec une fidélité et une beauté stupéfiantes.

Ces bandes dessinées ne se contentent pas de divertir ; elles jouent également un rôle éducatif en introduisant une nouvelle génération à la richesse de la littérature et de l'histoire islandaises. Les jeunes lecteurs se trouvent captivés par les récits héroïques et les intrigues complexes, ce qui favorise un intérêt pour la culture et le patrimoine de l'Islande.

L'engouement pour ces bandes dessinées témoigne de la vitalité de la culture islandaise et de son aptitude à évoluer tout en préservant son héritage.

## Fait 73 - Björk, la voix d'un pays

Björk, de son vrai nom Björk Guðmundsdóttir, est probablement l'Islandaise la plus célèbre à travers le monde, et ce n'est pas pour rien. Avec une carrière musicale débutée à l'âge de 11 ans, elle est devenue une véritable ambassadrice de la culture islandaise sur la scène internationale. Sa voix unique et son style expérimental ont captivé des millions de fans et sa musique transcende les frontières.

Son amour pour la nature et son pays natal transparaît dans sa musique, souvent empreinte de sonorités organiques et de thèmes liés à la nature. Elle n'hésite pas à intégrer des instruments traditionnels islandais dans ses compositions, créant ainsi un pont entre les traditions et la modernité. Elle a d'ailleurs contribué à faire connaître la musique islandaise dans le monde entier.

En plus de son impact dans le monde de la musique, Björk s'est aussi engagée activement dans des causes sociales et environnementales en Islande. Elle utilise sa notoriété pour sensibiliser sur des sujets cruciaux tels que la préservation de l'environnement et la promotion de l'éducation musicale.

Björk incarne la créativité, la résilience et l'amour pour son pays, faisant d'elle un véritable trésor national. Elle prouve que même venant d'une petite île dans l'Atlantique Nord, on peut toucher le cœur de millions de personnes et laisser une empreinte indélébile sur la culture mondiale.

## Fait 74 - Le froid qui forge les caractères

L'Islande est reconnue pour ses conditions climatiques rigoureuses, avec des hivers longs et froids, ponctués de tempêtes et de vents puissants. Ces conditions ont inévitablement façonné le caractère de ses habitants, les rendant résilients et capables de faire face à l'adversité. Les Islandais ont appris à tirer le meilleur parti de ce que la nature leur offre, transformant les défis en opportunités.

Les traditions et le mode de vie islandais sont imprégnés de cette résistance au froid. Les habitations sont conçues pour résister aux intempéries, et l'utilisation de l'énergie géothermique pour le chauffage est un exemple de l'ingéniosité des Islandais face à leur environnement. Cela démontre leur capacité à s'adapter et à innover, quelles que soient les circonstances.

Le sens de la communauté est également très fort en Islande, en partie à cause de ces conditions climatiques. Les gens se serrent les coudes et s'entraident, créant un tissu social solide. Cette solidarité est palpable dans toute la société, et elle est une composante clé de l'identité nationale islandaise.

Ainsi, le froid en Islande n'est pas seulement un défi à surmonter ; il est une partie intégrante de la culture et du caractère du pays. Il forge la résilience et l'unité, et il rappelle aux Islandais et à ceux qui les visitent la force qui peut être tirée de l'adversité.

## Fait 75 - Le festival du solstice d'été

L'Islande, située juste en dessous du cercle polaire arctique, célèbre le solstice d'été avec une ferveur particulière, marquant le jour le plus long de l'année où le soleil ne se couche presque pas. Cette célébration tire ses origines des traditions anciennes, mélangeant des éléments païens et des festivités modernes. C'est un moment où les Islandais et les visiteurs se réunissent pour célébrer la lumière et la vie.

À Reykjavik, la capitale, et dans d'autres parties de l'Islande, les gens organisent des feux de joie, des concerts et diverses activités en plein air pour profiter pleinement des heures de lumière du jour étendues. L'atmosphère est empreinte de joie et de communauté, reflétant la gratitude des Islandais pour la lumière après les longs mois d'hiver.

Un des événements les plus remarquables est le Secret Solstice Festival, un festival de musique qui se déroule à Reykjavik et qui attire des artistes et des festivaliers du monde entier. Il est unique en son genre, offrant 72 heures de musique non-stop sous le soleil de minuit.

Célébrer le solstice d'été en Islande est une expérience immersive qui permet de découvrir la culture islandaise dans toute sa splendeur. C'est un rappel vivant des cycles naturels et de la beauté éphémère de la lumière dans cette partie du monde, créant des souvenirs impérissables pour tous ceux qui y participent.

## Fait 76 - Les Vikings débarquent

L'Islande a une histoire fascinante qui remonte à l'ère des Vikings, ces guerriers et explorateurs scandinaves qui ont foulé pour la première fois le sol islandais au IXe siècle. Les Vikings, principalement originaires de Norvège, ont été attirés par les terres vierges de l'Islande, y voyant une opportunité pour une nouvelle vie. Leur arrivée a marqué le début d'une ère nouvelle, façonnant le visage culturel et social du pays pour les siècles à venir.

Ingólfur Arnarson est reconnu comme le premier colon permanent en Islande, s'installant à Reykjavik en 874. Selon les sagas islandaises, il aurait jeté ses piliers sacrés dans l'océan, laissant les dieux décider de son lieu d'installation. C'est là où les piliers ont été retrouvés qu'il a décidé de s'établir.

La société islandaise était alors composée de fermiers, de chasseurs et de guerriers, vivant dans des conditions difficiles et s'appuyant sur une économie basée sur l'agriculture, la pêche et l'élevage. Ils ont également établi l'un des premiers parlements au monde, l'Althing, en 930, démontrant un sens précoce de l'organisation sociale et de la gouvernance.

L'impact des Vikings sur l'Islande est toujours visible aujourd'hui, non seulement à travers les sites historiques et les musées, mais aussi dans l'âme résiliente et indépendante du peuple islandais. Leur héritage perdure, témoignant de l'extraordinaire saga de ces pionniers nordiques.

## Fait 77 - Les cerfs-volants en Islande

En Islande, le cerf-volant n'est pas seulement un jouet pour enfants, c'est une véritable tradition qui traverse les âges. Cette pratique s'est développée en raison des vents forts et constants qui caractérisent le climat islandais, créant des conditions idéales pour faire voler des cerfs-volants. C'est une activité appréciée par les personnes de tous âges, surtout lors des jours ensoleillés et venteux.

Les cerfs-volants sont souvent fabriqués de manière artisanale, avec des matériaux simples comme du papier, du bois et de la ficelle. Les islandais prennent beaucoup de plaisir à construire leur propre cerf-volant, perpétuant ainsi une tradition qui se transmet de génération en génération. C'est une activité qui permet de renforcer les liens familiaux et communautaires, tout en profitant du grand air.

Les plages et les champs dégagés sont les endroits préférés pour cette activité, offrant un espace suffisant pour que les cerfs-volants puissent s'élever dans le ciel sans obstacle. Reykjavik, la capitale, accueille même des festivals de cerfs-volants, où les habitants et les visiteurs peuvent admirer des cerfs-volants de toutes formes et tailles.

À travers cette activité, les Islandais montrent leur capacité à transformer les défis climatiques en occasions de célébration et de joie partagée. Les cerfs-volants dans le ciel islandais ne sont pas juste un spectacle coloré, ils sont le symbole d'une culture qui sait tirer le meilleur parti de son environnement unique.

# Fait 78 - L'art de la laine islandaise

La laine islandaise occupe une place particulière dans le patrimoine culturel et artisanal de l'Islande. Issue des moutons islandais, une race unique adaptée au climat rude de l'île, cette laine est réputée pour sa robustesse et sa capacité à résister au vent et à l'humidité. Elle se distingue également par sa douceur, son gonflant et son isolation thermique exceptionnelle.

Les Islandais ont développé au fil des siècles un savoir-faire unique dans le filage, la teinture et le tricot de cette laine. Les pulls islandais, appelés "lopapeysa", sont devenus un symbole national. Avec leurs motifs géométriques circulaires autour du col, ils sont autant appréciés par les locaux que par les touristes. Ces pulls ne sont pas seulement beaux, ils sont également conçus pour durer et protéger efficacement du froid.

Les techniques de tricot islandais se transmettent de génération en génération, souvent au sein des familles. Des ateliers et des cours sont également proposés pour perpétuer ces compétences et partager les secrets de cette tradition. Les motifs et les couleurs utilisés dans le tricot islandais sont inspirés de la nature et des paysages de l'île, créant une connexion profonde entre l'artisanat et l'environnement naturel.

Ce savoir-faire n'est pas seulement une fierté nationale, il est également un moteur économique important. Les produits en laine islandaise sont très recherchés, que ce soit sur le marché local ou à l'international.

## Fait 79 - Les grottes de lave à explorer

L'Islande, terre de feu et de glace, abrite un phénomène géologique fascinant : les grottes de lave. Ces formations sont le résultat d'éruptions volcaniques, lorsqu'une rivière de lave se solidifie à l'extérieur tout en continuant de s'écouler à l'intérieur, créant un tunnel. Avec le temps, la lave finit par s'écouler complètement, laissant derrière elle une cavité vide.

Parmi les nombreuses grottes de lave que tu peux explorer en Islande, la grotte de Raufarhólshellir est l'une des plus impressionnantes. Située à seulement 30 minutes de Reykjavik, elle offre une expérience unique de découverte du monde souterrain islandais. Les couleurs et les formations rocheuses à l'intérieur de la grotte témoignent de la puissance des forces naturelles à l'œuvre.

La visite des grottes de lave est une aventure captivante, mais il est crucial de le faire en toute sécurité. Il est fortement recommandé de participer à une visite guidée, car les guides expérimentés peuvent non seulement assurer ta sécurité, mais aussi partager des informations fascinantes sur la géologie, l'histoire et les légendes associées à ces lieux mystérieux.

Explorant ces grottes, tu auras l'occasion de toucher du doigt la puissance des éruptions volcaniques qui ont façonné l'Islande. C'est une expérience immersive qui te permet de comprendre de manière tangible l'influence du volcanisme sur le paysage et la culture islandaise.

## Fait 80 - Les anciennes fermes en tourbe

L'Islande, avec son climat rude et ses ressources limitées, a poussé ses habitants à faire preuve d'ingéniosité au fil des siècles. Les fermes en tourbe en sont un exemple frappant. Construites principalement du IXe au XIXe siècle, ces structures utilisaient la tourbe comme matériau principal, un choix dicté par le manque de bois sur l'île. La tourbe, composée de matière végétale en décomposition, possède d'excellentes propriétés isolantes, essentielles pour survivre aux hivers islandais.

La ferme de Keldur, située dans le sud de l'Islande, est l'un des exemples les plus anciens et les mieux préservés de ce type d'habitat. Les murs épais en tourbe et les toits recouverts d'herbe offrent un aperçu fascinant de la vie rurale islandaise d'autrefois. Les visiteurs peuvent y découvrir l'ingéniosité architecturale des anciens Islandais et la manière dont ils ont su tirer parti des ressources disponibles.

Ces fermes ne sont pas seulement une curiosité historique ; elles témoignent de la résilience et de l'adaptabilité du peuple islandais. Les techniques utilisées pour construire ces habitations ont évolué au fil du temps, mais elles sont restées fondamentalement les mêmes, illustrant un profond respect pour l'environnement et les matériaux naturels.

Aujourd'hui, plusieurs de ces fermes en tourbe ont été transformées en musées ou sont ouvertes à la visite, permettant à des gens comme toi de faire un voyage dans le temps.

## Fait 81 - Le football, passion nationale

Le football en Islande, c'est bien plus qu'un simple sport ; c'est une véritable passion qui unit le pays tout entier. Malgré sa petite population, l'Islande a réussi à se faire une place sur la scène internationale, étonnant fans et adversaires par sa détermination et son talent. L'Euro 2016 a été un moment phare, où l'équipe nationale a atteint les quarts de finale, créant une histoire qui a résonné bien au-delà de ses frontières.

Les clubs de football locaux jouissent d'un soutien fervent, et les matchs sont des événements sociaux importants. L'investissement dans les infrastructures, notamment la construction de terrains intérieurs, a permis la pratique du football tout au long de l'année, contribuant au développement du sport. Les jeunes joueurs bénéficient d'un encadrement de qualité, avec un nombre impressionnant d'entraîneurs qualifiés par habitant.

La fameuse "claque" islandaise, ou "Huh", est devenue emblématique, résonnant dans les stades et devant les écrans de télévision, créant une atmosphère électrisante. Cela reflète l'esprit communautaire qui caractérise la relation entre les supporters et leur équipe, une connexion profonde et passionnée.

L'Islande prouve qu'avec du cœur, de la détermination et un soutien communautaire, même les plus petits pays peuvent briller sur la scène internationale. Alors la prochaine fois que tu regarderas un match, souviens-toi de l'Islande, cette petite île qui a montré au monde entier que tout est possible avec de la passion et de la persévérance.

## Fait 82 - Le système scolaire innovant

L'Islande se distingue par son système éducatif progressiste et innovant, favorisant l'épanouissement et la créativité des élèves. Les écoles mettent l'accent sur une approche holistique de l'apprentissage, intégrant des méthodes pédagogiques qui encouragent la réflexion critique et la résolution de problèmes. Les enseignants sont hautement qualifiés et dédiés à fournir un environnement d'apprentissage stimulant et inclusif.

L'éducation en Islande est gratuite et accessible à tous, créant une société où l'égalité des chances est une réalité tangible. Les élèves bénéficient de petites classes, permettant une attention individuelle et un soutien personnalisé. Le système éducatif islandais prône également la polyvalence, offrant une vaste gamme de sujets et d'activités extrascolaires pour répondre aux intérêts variés des élèves.

L'importance accordée à la langue et à la littérature islandaises dans le curriculum renforce le lien entre les élèves et leur patrimoine culturel. En parallèle, l'apprentissage des langues étrangères est fortement encouragé, préparant les jeunes islandais à une société globale. Les écoles intègrent également des leçons sur la nature et l'environnement, inculquant une appréciation et un respect profond pour le paysage unique de l'Islande.

## Fait 83 - Les histoires des pêcheurs islandais

Les pêcheurs islandais sont renommés pour leur courage et leur résilience face aux conditions météorologiques extrêmes de l'Atlantique Nord. Pendant des siècles, ils ont navigué sur des mers tumultueuses, affrontant tempêtes et vagues géantes, pour ramener le poisson qui est l'une des principales ressources économiques de l'Islande. Ces hommes et femmes de la mer ont accumulé une richesse de récits fascinants, transmis de génération en génération.

Leurs histoires sont imprégnées d'aventure, de danger et souvent de surnaturel, reflétant la relation intime entre les Islandais et leur environnement naturel. Il est fréquent d'entendre parler de rencontres avec des créatures marines mystérieuses ou des esprits de la mer. Les pêcheurs parlent avec respect de la mer, conscient de sa puissance et de son imprévisibilité.

Malgré les avancées technologiques modernes, les traditions orales restent un moyen essentiel de partager ces récits épiques et de préserver l'héritage culturel islandais. En écoutant ces histoires, tu ressens l'admiration et le respect que les Islandais portent à la mer, ainsi que leur reconnaissance pour les ressources qu'elle leur procure.

Ces récits de bravoure et de persévérance offrent un aperçu unique de la vie en Islande et soulignent l'importance de la pêche dans l'histoire et la culture du pays. En te plongeant dans ces histoires, tu découvres un monde où l'homme et la nature coexistent dans un équilibre précaire, unissant leurs forces pour braver les éléments.

## Fait 84 - Les légendes des montagnes islandaises

Les montagnes islandaises, avec leurs silhouettes imposantes et leurs sommets enneigés, ont toujours occupé une place particulière dans l'imaginaire et les croyances des habitants de cette île. Elles sont souvent décrites comme des lieux mystiques, habités par des êtres surnaturels et des esprits de la nature. Selon la tradition, ces montagnes ne sont pas simplement des formations géologiques, mais des entités vivantes, dotées de personnalités et de pouvoirs propres.

Les sagas islandaises, ces récits épiques transmis oralement puis consignés par écrit au Moyen Âge, regorgent d'histoires liées à ces montagnes majestueuses. Des guerriers y trouvent refuge, des amants s'y retrouvent en secret, et des créatures magiques y élisent domicile. L'une des montagnes les plus célèbres dans les légendes islandaises est certainement le mont Helgafell, situé dans la péninsule de Snæfellsnes, considéré comme sacré et propice à la réalisation des vœux.

Aujourd'hui, ces légendes continuent d'influencer la manière dont les Islandais perçoivent et interagissent avec leur environnement montagneux. Les guides locaux n'hésitent pas à partager ces récits fascinants avec les visiteurs, contribuant ainsi à perpétuer ces traditions séculaires. Les montagnes ne sont pas seulement explorées pour leur beauté et leur défi sportif, mais aussi pour leur richesse culturelle et spirituelle.

## Fait 85 - Le poisson, roi des assiettes

L'Islande, entourée par l'océan Atlantique, a une relation très étroite avec la mer et ses ressources. Le poisson, en particulier, joue un rôle central dans la cuisine islandaise, et ce, depuis des siècles. Les eaux froides et pures autour de l'Islande sont le foyer de nombreuses espèces de poissons, rendant ce produit non seulement abondant, mais aussi d'une qualité exceptionnelle. C'est un ingrédient qui se retrouve dans une multitude de plats, de la soupe traditionnelle de poisson aux filets finement préparés.

La morue est sans doute le poisson le plus emblématique d'Islande, étant une source majeure de revenus pour le pays pendant de nombreuses années. La pêche à la morue et son exportation ont joué un rôle crucial dans l'économie islandaise, et cela se reflète dans la cuisine locale. Le poisson séché, connu sous le nom de "harðfiskur", est une autre spécialité islandaise. Il est souvent consommé comme snack, apprécié pour sa texture croustillante et sa saveur intense.

En visitant l'Islande, tu auras l'occasion de goûter à une variété de plats de poisson, préparés selon des recettes traditionnelles ou avec une touche moderne. Les restaurants locaux prennent fierté à servir du poisson frais, souvent pêché le jour même, garantissant une expérience culinaire authentique et délicieuse.

## Fait 86 - Le kayak en eaux islandaises

Le kayak en Islande offre une expérience unique, te permettant d'explorer les merveilles naturelles du pays d'un point de vue différent. Les rivières glaciaires, les fjords tranquilles et les côtes découpées de l'Islande se prêtent parfaitement à cette activité, attirant des amateurs de kayak du monde entier. Que tu sois débutant ou expérimenté, les eaux islandaises ont quelque chose à offrir.

Dans le sud de l'Islande, la rivière Hvítá est un lieu populaire pour le kayak et le rafting, offrant des rapides de classe II et III. C'est une occasion fantastique de combiner aventure et admiration des paysages sauvages. Plus au nord, les fjords offrent des eaux plus calmes, idéales pour le kayak de mer, où tu peux glisser silencieusement à côté des falaises et observer les oiseaux de mer dans leur habitat naturel.

Les entreprises locales de tourisme d'aventure proposent des excursions guidées en kayak, fournissant tout le matériel nécessaire et une formation de base. Cela rend le kayak accessible même à ceux qui n'ont jamais essayé auparavant. Les guides sont également une mine d'informations sur la faune, la flore et l'histoire de la région, ajoutant une dimension éducative à l'aventure.

Le kayak en Islande n'est pas seulement une activité sportive; c'est une immersion dans la beauté brute et préservée de la nature islandaise. Alors, mets un gilet de sauvetage, prends une pagaie et prépare-toi à vivre une aventure inoubliable sur les eaux islandaises.

## Fait 87 - Les plantes à la résistance folle

L'Islande, avec son climat subarctique, n'est pas le lieu où l'on s'attend à trouver une grande diversité de plantes. Pourtant, les espèces qui y ont élu domicile sont de véritables survivantes, capables de résister à des conditions extrêmes. Les plantes islandaises ont dû s'adapter à des hivers longs et rigoureux, à des étés courts et frais, ainsi qu'à des sols souvent pauvres en nutriments.

Un exemple fascinant de cette résilience est la silène acaule, une petite plante à fleurs qui pousse dans les zones de gravier et de sable. Malgré sa taille modeste, elle est capable de résister à des vents violents et à des températures glaciales. Sa capacité à survivre dans des conditions aussi rudes est une véritable leçon de persévérance et d'adaptation.

D'autres espèces, comme la dryade à huit pétales et le saule herbacé, sont également remarquables par leur capacité à prospérer dans l'environnement islandais. Ces plantes ne se contentent pas de survivre ; elles jouent un rôle crucial dans l'écosystème, aidant à stabiliser le sol et à fournir de l'habitat pour d'autres organismes.

Lors de ta visite en Islande, prends le temps d'admirer ces petites merveilles de la nature. Leur présence discrète mais puissante est un rappel étonnant de la force de la vie, même dans les conditions les plus difficiles.

## Fait 88 - Les moutons en liberté

En Islande, les moutons jouissent d'une liberté qui pourrait surprendre. Pendant les mois d'été, ils errent librement à travers les montagnes et les vallées, profitant de la richesse de l'herbe verte et fraîche. Cette tradition, ancrée dans la culture islandaise depuis des siècles, est un élément clé de l'élevage ovin dans le pays. Les fermiers libèrent leurs troupeaux en juin, et les moutons passent tout l'été à brouter en liberté.

Cette pratique n'est pas sans rappeler la vie sauvage des ancêtres des moutons islandais, et elle contribue à la robustesse et à la santé de ces animaux. Les moutons islandais sont connus pour leur laine épaisse et de qualité, un attribut directement lié à leur mode de vie en plein air. Ils développent une toison épaisse qui les protège des éléments, et qui est très prisée dans la fabrication de vêtements et d'autres produits en laine.

En septembre, les fermiers se réunissent pour la "réttir", une grande ronde de collecte où communautés et visiteurs participent pour ramener les moutons à la ferme. Cet événement social est une partie importante de la culture islandaise, célébrant le lien entre les hommes et les animaux, ainsi que la fin de l'été.

La liberté accordée aux moutons en Islande est un exemple unique de coexistence harmonieuse entre l'agriculture et la nature. Cela montre comment les traditions peuvent non seulement coexister avec la modernité, mais aussi contribuer à la durabilité et au bien-être des animaux.

## Fait 89 - Les Vikings et leur alphabet runique

L'Islande, avec son histoire riche et fascinante, a été fortement influencée par les Vikings qui l'ont colonisée au IXe siècle. Ces guerriers et explorateurs scandinaves ont apporté avec eux leur propre système d'écriture, l'alphabet runique. Utilisées à des fins variées, allant de la commémoration de personnes ou d'événements à la magie et à la divination, les runes étaient un élément essentiel de la culture viking.

Les inscriptions runiques retrouvées en Islande offrent un aperçu unique de la vie et des croyances de ces temps anciens. Certaines des pierres runiques les plus célèbres de l'île décrivent des histoires de voyages, de conflits et de vie quotidienne, laissant une trace indélébile du passage des Vikings. L'utilisation des runes n'était pas réservée à une élite, mais était une compétence répandue, témoignant de l'importance de la communication écrite dans cette société.

Avec le temps, l'alphabet runique a évolué et s'est adapté aux besoins de la société islandaise. Même après la christianisation de l'Islande, les runes sont restées en usage, soulignant leur rôle central dans l'identité culturelle islandaise. Les chercheurs et les passionnés d'histoire peuvent encore aujourd'hui étudier ces inscriptions, qui continuent de captiver et d'intriguer.

Le lien entre les Vikings, l'Islande et les runes est un témoignage vivant de la richesse du patrimoine culturel de cette île. Les runes sont un portail vers un monde révolu, offrant une connexion tangible entre le présent et le passé mystérieux de l'Islande.

## Fait 90 - La tradition orale en Islande

La tradition orale en Islande joue un rôle crucial dans la préservation de l'histoire et de la culture du pays. Avant l'introduction de l'imprimerie, les histoires, légendes et sagas étaient transmises de génération en génération à travers la parole. Ces récits oraux étaient non seulement un moyen de divertissement, mais aussi un outil important pour éduquer les jeunes et renforcer les valeurs et les normes sociales.

L'un des exemples les plus emblématiques de la tradition orale islandaise est la transmission des sagas islandaises, des récits épiques racontant les histoires des premiers colons de l'Islande et de leurs descendants. Ces sagas ont été racontées pendant des siècles avant d'être finalement transcrites au XIIIe siècle. Elles continuent d'être lues et étudiées aujourd'hui, témoignant de la richesse de la tradition orale islandaise.

La tradition orale a également joué un rôle essentiel dans la préservation de la langue islandaise. Alors que d'autres langues nordiques ont subi des changements significatifs au fil des siècles, l'islandais est resté remarquablement proche de sa forme originale, en grande partie grâce à la transmission orale des sagas et d'autres récits traditionnels.

Aujourd'hui, bien que la tradition orale ait diminué avec l'avènement des médias écrits et numériques, elle reste une partie intégrante de l'identité culturelle islandaise. Les Islandais continuent de célébrer et de préserver leur héritage oral, reconnaissant son importance cruciale dans la transmission de leur histoire unique et de leur culture riche.

## Fait 91 - Les adorables petits renards

L'Islande est le seul pays d'Europe où le renard polaire est présent à l'état sauvage. Cet animal, aussi appelé renard arctique, a élu domicile dans l'île bien avant l'arrivée des humains, s'y adaptant parfaitement aux conditions climatiques extrêmes. Ces petits renards, aux épais pelages qui les protègent du froid, sont devenus un symbole de la résilience et de la beauté sauvage de l'Islande.

Le renard polaire islandais est connu pour son intelligence et sa ruse, ce qui lui permet de survivre dans un environnement aussi rude. Ils se nourrissent principalement de petits rongeurs, d'oiseaux et d'œufs, mais ne dédaignent pas non plus les baies et autres végétaux en été. Leur régime alimentaire est donc varié et dépend fortement des saisons.

La protection de ces renards est devenue une priorité en Islande, avec la création de réserves naturelles et de programmes de conservation. L'une des initiatives les plus remarquables est le Centre d'Étude du Renard Polaire en Islande, qui travaille à la préservation de cette espèce unique et à la sensibilisation du public à sa protection.

En te rendant en Islande, tu auras peut-être la chance d'apercevoir ces petits renards en pleine nature. C'est une expérience magique qui te permettra d'apprécier la faune unique de l'île et la beauté de ces animaux sauvages, tout en prenant conscience de l'importance de leur protection.

## Fait 92 - Les étonnants cristaux de zeolite

Les paysages islandais renferment des trésors géologiques uniques, parmi lesquels les cristaux de zéolite occupent une place de choix. Ces minéraux, formés dans des conditions volcaniques spécifiques, sont réputés pour leur structure cristalline exceptionnelle et leur capacité à échanger des ions. En Islande, tu peux les trouver dans diverses régions, notamment près des sources chaudes et des zones géothermiques.

Les zéolites islandaises se distinguent par leur diversité et leur beauté. Stilbite, heulandite, et chabazite sont quelques-unes des variétés que l'on peut y observer. Ces cristaux, souvent translucides et aux couleurs douces, sont très prisés des collectionneurs et des passionnés de minéralogie. Ils sont également étudiés par les scientifiques pour leurs propriétés particulières et leur formation liée à l'activité volcanique.

En plus de leur intérêt scientifique et esthétique, les zéolites ont des applications pratiques. Ils sont utilisés dans l'industrie pour la purification de l'eau, la séparation des gaz, et comme catalyseurs dans divers processus chimiques. Le potentiel des zéolites est tel qu'ils sont parfois qualifiés de "minéraux magiques".

Lors de ta visite en Islande, n'hésite pas à te renseigner sur les excursions géologiques qui te permettront de découvrir ces cristaux fascinants et d'en apprendre davantage sur leur formation et leurs utilisations. C'est une expérience enrichissante qui te fera voir les richesses naturelles de l'île sous un angle nouveau.

## Fait 93 - L'importance du sauna islandais

En Islande, le sauna est bien plus qu'un lieu de détente ; c'est une institution culturelle. Influencé par les traditions scandinaves et finlandaises, le sauna islandais offre une expérience de bien-être profondément ancrée dans le mode de vie local. Les Islandais l'utilisent régulièrement pour se détendre, se purifier et créer du lien social.

Les bains de vapeur géothermiques, souvent situés en plein air, offrent une expérience unique en harmonie avec la nature. L'eau chaude et la vapeur proviennent directement des sources géothermiques de l'île, fournissant une chaleur pure et naturelle. Ces bains de vapeur sont réputés pour leurs bienfaits sur la santé, aidant à soulager les tensions musculaires, à améliorer la circulation sanguine et à favoriser une relaxation profonde.

Le sauna en Islande est également un lieu de convivialité et de partage. Les Islandais s'y retrouvent pour discuter, échanger des nouvelles et renforcer leurs liens communautaires. C'est un espace où les barrières sociales s'effacent, favorisant un sentiment d'égalité et de solidarité.

Pour vivre pleinement l'expérience islandaise, il est vivement recommandé de s'immerger dans la culture du sauna lors de ta visite. Que ce soit dans les bains publics de Reykjavik ou dans un sauna rural isolé, tu découvriras un aspect essentiel du bien-être à l'islandaise. Alors, laisse-toi tenter et plonge dans cette tradition revitalisante !

## Fait 94 - Les festivals colorés islandais

L'Islande, terre de nature et de mystère, s'anime tout au long de l'année à travers une multitude de festivals hauts en couleurs et empreints de traditions. Ces événements sont des moments clés pour la population locale, mais aussi une opportunité unique pour les visiteurs de plonger dans la culture islandaise. De la musique, de la danse, de l'art et des traditions ancestrales se mêlent pour créer une atmosphère féérique.

L'un des festivals les plus emblématiques est sans doute le "Þjóðhátíð", célébré dans les îles Vestmann. Pendant quatre jours et quatre nuits, les Islandais se rassemblent pour célébrer la fête nationale avec des concerts, des feux d'artifice et des chants traditionnels. C'est une expérience immersive qui te permet de vivre la joie de vivre et l'hospitalité islandaise.

En hiver, le festival de la lumière à Reykjavik transforme la ville en une véritable toile de lumière, avec des installations artistiques illuminant les rues et les bâtiments. C'est une célébration de la lumière en plein cœur de l'obscurité hivernale, offrant une perspective unique sur la manière dont les Islandais embrassent les défis de leur environnement.

Enfin, le "Festival du Film de Reykjavik" est un incontournable pour les cinéphiles, offrant une sélection variée de films islandais et internationaux. C'est l'occasion de découvrir le cinéma islandais, reconnu pour sa qualité et son originalité. Chaque festival en Islande est une porte ouverte sur l'âme et les traditions de cette île fascinante, alors n'hésite pas à y participer !

# Fait 95 - Les baleines à bosse et leurs chants

Les eaux froides et riches en nutriments qui entourent l'Islande offrent un habitat idéal pour de nombreuses espèces de baleines, dont la baleine à bosse, célèbre pour ses chants mélodieux et ses acrobaties spectaculaires. Chaque année, ces géants des mers migrent vers les côtes islandaises, offrant ainsi un spectacle inoubliable aux chanceux qui se trouvent sur leur passage. Les baleines à bosse sont particulièrement connues pour leur comportement social et leur capacité à communiquer à travers des chants complexes.

Le chant de la baleine à bosse est un phénomène fascinant qui a été étudié pendant des décennies par les scientifiques. Ces séquences sonores peuvent durer jusqu'à 30 minutes et sont uniques à chaque individu, agissant comme une carte d'identité vocale. Les chercheurs pensent que ces chants jouent un rôle crucial dans la communication entre les baleines, notamment pendant la saison des amours.

En Islande, plusieurs excursions sont proposées pour observer ces majestueux mammifères dans leur habitat naturel. Les guides expérimentés t'aident à interpréter le comportement des baleines et à comprendre l'importance de leur préservation. Ces expériences de proximité avec les baleines à bosse ne sont pas seulement spectaculaires, elles sont aussi éducatives.

En prenant part à une de ces excursions, tu contribues également aux efforts de conservation et à la recherche scientifique sur ces créatures impressionnantes.

# Fait 96 - Les sagas vikings en peinture

L'Islande, avec son héritage viking riche et complexe, a trouvé un moyen unique de préserver ses récits ancestraux à travers l'art de la peinture. Les sagas vikings, ces histoires épiques racontant les exploits, les batailles et les vies des premiers Scandinaves, sont souvent capturées sur toile par des artistes locaux. En visitant les galeries d'art et les musées islandais, tu découvriras des œuvres éblouissantes qui donnent vie à ces récits anciens.

Les peintures ne se limitent pas à illustrer des scènes de bataille ou des héros légendaires ; elles explorent également les aspects quotidiens de la vie viking, offrant un aperçu de leur culture, de leurs croyances et de leurs traditions. Les artistes utilisent une variété de techniques et de styles, allant du réalisme au symbolisme, pour exprimer la richesse et la complexité de ces histoires. Les œuvres d'art deviennent ainsi un pont entre le passé et le présent, permettant aux visiteurs de s'immerger dans l'histoire fascinante de l'Islande.

Les artistes islandais jouent un rôle crucial dans la préservation de ce patrimoine culturel. En traduisant les sagas en images, ils contribuent à maintenir vivante la mémoire collective et à la partager avec les générations futures. Cela permet également aux visiteurs de s'engager de manière unique avec l'histoire islandaise, créant une expérience plus riche et plus significative.

## Fait 97 - Les mystères de l'histoire islandaise

L'histoire de l'Islande est tissée de mystères et de légendes, créant un paysage captivant pour les historiens et les curieux. Dès l'arrivée des Vikings au IXe siècle, l'île a été le théâtre d'événements et de découvertes qui restent encore aujourd'hui enveloppés de mystère. L'un des aspects les plus intrigants est la disparition des colonies monastiques irlandaises, qui étaient présentes sur l'île avant l'arrivée des Vikings. Leur sort reste un sujet de spéculation et de fascination.

Les sagas islandaises, bien qu'elles soient des trésors littéraires, ajoutent une couche de mystère à l'histoire islandaise. Écrites plusieurs siècles après les événements qu'elles décrivent, elles mélangent faits historiques et éléments fictionnels, laissant les chercheurs débattre de leur exactitude. Les histoires de magie, de créatures surnaturelles et de héros extraordinaires dans ces sagas éveillent l'imagination et soulèvent des questions sur les croyances et les valeurs de la société islandaise ancienne.

La découverte de ruines et d'artefacts vikings sur l'île a également alimenté l'intérêt pour les mystères de l'histoire islandaise. Des outils, des bijoux et même des bateaux ont été retrouvés, offrant un aperçu précieux de la vie quotidienne, mais laissant aussi de nombreuses questions sans réponse. Qui étaient ces Vikings islandais ? Comment vivaient-ils ? Quelles étaient leurs relations avec les autres peuples nordiques ?

## Fait 98 - La faune sous-marine islandaise

Les eaux glacées qui entourent l'Islande abritent une faune sous-marine d'une richesse étonnante, transformant cette région en un véritable paradis pour les amateurs de plongée et les biologistes marins. Malgré les températures froides, la vie marine y est abondante et diversifiée, grâce aux courants chauds du Gulf Stream qui viennent tempérer l'environnement. Parmi les espèces les plus emblématiques, on trouve une variété impressionnante de poissons, de mollusques et de crustacés, sans oublier les mammifères marins tels que les phoques et les baleines.

Les eaux islandaises sont particulièrement réputées pour leurs sites de plongée exceptionnels, offrant des expériences uniques telles que la plongée entre deux plaques tectoniques à Silfra, où l'on peut littéralement toucher l'Europe d'une main et l'Amérique de l'autre. Ce site est également célèbre pour la clarté de ses eaux, permettant une visibilité jusqu'à 100 mètres, un rêve pour tout plongeur.

Les baleines sont une autre attraction majeure de la faune sous-marine islandaise. Plus de vingt espèces différentes de cétacés fréquentent les eaux islandaises, dont la baleine à bosse, le rorqual commun et l'orque. Les excursions en bateau pour observer ces géants des mers sont une activité populaire auprès des touristes et des locaux, offrant des souvenirs inoubliables.

## Fait 99 - Les légendes des sources chaudes

L'Islande, terre de feu et de glace, est célèbre pour ses sources chaudes naturelles, entourées de légendes et de mythes fascinants. Ces eaux bouillonnantes, issues de l'activité géothermique intense de l'île, ont depuis toujours captivé l'imaginaire des habitants et des visiteurs. Selon certaines croyances anciennes, ces sources étaient habitées par des esprits et des créatures surnaturelles, et avaient des pouvoirs de guérison mystiques.

Le site le plus emblématique est sans doute le Blue Lagoon, une lagune géothermique située dans une zone volcanique active. Les Islandais racontent que ces eaux laiteuses, riches en minéraux, possèdent des vertus thérapeutiques exceptionnelles, une croyance soutenue par de nombreux témoignages de personnes ayant vu leur peau s'améliorer après un bain dans la lagune.

Mais au-delà de leurs supposés bienfaits pour la santé, les sources chaudes occupent également une place importante dans la culture populaire islandaise. Elles sont le décor de nombreuses histoires et légendes, transmises de génération en génération, contribuant à l'identité unique de l'Islande.

Aujourd'hui, ces sources chaudes sont devenues un incontournable pour quiconque visite l'Islande, offrant une expérience relaxante et pittoresque. Elles sont le témoignage vivant des forces naturelles qui ont façonné cette île fascinante, et continuent d'alimenter les récits et les légendes qui bercent l'imaginaire islandais.

## Fait 100 - Le peuple islandais et sa résilience

L'histoire de l'Islande est un fascinant récit de survie et de résilience. Depuis les premières installations vikings au IXe siècle, les Islandais ont appris à prospérer dans un environnement parfois hostile, marqué par des conditions météorologiques extrêmes, une activité volcanique intense et des ressources limitées. Cette lutte constante contre les éléments a forgé un peuple fort, résistant et incroyablement uni.

La pêche a longtemps été la principale source de revenus de l'Islande, mettant les Islandais au défi de braver les eaux glacées de l'Atlantique Nord. Les tempêtes violentes et les vagues gigantesques étaient le quotidien des pêcheurs islandais, qui ont su développer des techniques et des équipements adaptés pour survivre et prospérer dans cet environnement impitoyable.

L'éruption du volcan Eyjafjallajökull en 2010 est un exemple frappant de la capacité de résilience des Islandais. Malgré le chaos causé par le nuage de cendres qui a paralysé le trafic aérien européen pendant des semaines, la population est restée calme et organisée, montrant au monde entier leur force et leur solidarité.

Aujourd'hui, cette résilience se traduit par une société innovante et dynamique, qui met l'accent sur les énergies renouvelables, l'éducation et le bien-être social.

# Conclusion

Et voilà, cher lecteur, notre périple à travers les terres mystérieuses et envoûtantes de l'Islande touche à sa fin. Nous avons plongé dans les profondeurs de son histoire, de ses légendes, et de sa culture, découvrant au passage la résilience et la force d'un peuple qui a su braver les éléments au cours des siècles.

L'Islande, avec ses geysers jaillissants, ses volcans grondants et ses glaciers scintillants, nous a révélé ses secrets les plus intimes, ses trésors cachés et ses merveilles naturelles. Nous avons côtoyé les baleines majestueuses, les renards curieux et les oiseaux aux chants mélodieux, apprenant à les connaître et à les apprécier.

Mais au-delà de la beauté de ses paysages et de la richesse de sa faune, c'est le cœur chaleureux et l'esprit ouvert des Islandais qui nous ont marqués le plus profondément. Leur amour pour leur terre, leur passion pour la préservation de leur culture et de leur environnement sont des leçons de vie précieuses pour nous tous.

L'Islande n'est pas seulement une destination ; c'est une inspiration, un rappel de la beauté et de la puissance indomptable de notre monde. Puisses-tu garder l'Islande dans ton cœur, jusqu'à ce que tes pas te guident un jour vers ses rivages sauvages et ses vallées enchantées. Farewell, cher lecteur, et que l'esprit de l'Islande reste avec toi à jamais !

*Marc Dresgui*

# Quiz

**1) Quelle est la particularité de la faune islandaise en hiver ?**

    a) Les animaux hibernent.
    b) Les oiseaux migrent vers le sud.
    c) Les mammifères marins quittent les côtes.
    d) Les renards polaires changent de couleur.

**2) Quelle activité les Islandais pratiquent-ils traditionnellement dans leurs sources chaudes ?**

    a) La natation synchronisée.
    b) La méditation.
    c) Le tricot.
    d) La pêche.

**3) Quel type de pain les Islandais cuisent-ils grâce à la chaleur géothermique ?**

    a) Le pain de seigle.
    b) Le pain complet.
    c) La baguette.
    d) Le pain de mie.

**4) Comment les Islandais préservent-ils la tradition orale de leur culture ?**

    a) En écrivant des livres.

b) En racontant des histoires aux plus jeunes.
c) En créant des films.
d) En chantant des chansons.

**5) Quel animal est une espèce invasive en Islande ?**

a) Le renard polaire.
b) Le mouton.
c) Le vison américain.
d) La baleine.

**6) Quelle est la particularité des cristaux de zeolite en Islande ?**

a) Ils sont comestibles.
b) Ils sont transparents.
c) Ils sont phosphorescents.
d) Ils sont très rares et précieux.

**7) Quelle est la principale source d'énergie en Islande ?**

a) Le charbon.
b) Le pétrole.
c) L'énergie géothermique.
d) L'énergie solaire.

8) **Comment s'appelle le phénomène naturel où les aurores boréales sont les plus visibles en Islande ?**

    a) La ceinture d'Aurora.
    b) La zone aurorale.
    c) La sphère des lumières.
    d) Le cercle polaire.

9) **Quelle est la particularité du sol islandais ?**

    a) Il est très fertile.
    b) Il est principalement sablonneux.
    c) Il contient beaucoup de minéraux.
    d) Il est majoritairement argileux.

10) **Quelle est la particularité des sources chaudes en Islande ?**

    a) Elles sont toutes artificielles.
    b) Elles sont riches en minéraux bénéfiques pour la santé.
    c) Elles sont toutes froides en hiver.
    d) Elles sont toutes situées dans des zones urbaines.

11) **Quel est l'un des sports les plus populaires en Islande ?**

    a) Le football.
    b) Le basket-ball.

c) Le baseball.
d) Le tennis.

## 12) Quel type de roche est particulièrement présent en Islande ?

a) Le granit.
b) Le basalte.
c) Le calcaire.
d) Le marbre.

## 13) Quelle activité est pratiquée en Islande, liée à la mer ?

a) Le kayak.
b) La plongée sous-marine.
c) Le surf.
d) Le ski nautique.

## 14) Comment les Islandais célèbrent-ils les longues journées d'été ?

a) En dormant.
b) Avec des festivals colorés.
c) En restant à l'intérieur.
d) En jeûnant.

**15) Quelle est la particularité des moutons en Islande pendant l'été ?**

   a) Ils sont tondus tous les jours.
   b) Ils sont libres de se déplacer partout.
   c) Ils sont exportés.
   d) Ils sont parqués dans des enclos.

**16) Pourquoi les Islandais ont-ils initialement peuplé l'Islande ?**

   a) Pour des raisons religieuses.
   b) Pour fuir des persécutions.
   c) Pour le commerce.
   d) Pour des raisons scientifiques.

**17) Quel type de poisson est très prisé en Islande ?**

   a) Le saumon.
   b) Le thon.
   c) La morue.
   d) La sardine.

**18) Quelle est la principale caractéristique des sagas islandaises ?**

   a) Elles sont écrites en rimes.
   b) Elles sont toujours joyeuses.
   c) Elles sont des récits historiques et mythologiques.

d) Elles sont courtes.

## 19) Comment les Islandais célèbrent-ils le solstice d'hiver ?

a) Avec des feux d'artifice.
b) En jeûnant.
c) En dormant.
d) En chantant.

## 20) Quelle est la particularité de l'Islande en matière d'éducation ?

a) L'éducation est entièrement virtuelle.
b) L'Islande a le taux d'alphabétisation le plus élevé au monde.
c) Il n'y a pas d'écoles.
d) L'éducation est payante dès le plus jeune âge.

## Réponses

**1) Quelle est la particularité de la faune islandaise en hiver ?**

Bonne réponse: b)Les oiseaux migrent vers le sud.

**2) Quelle activité les Islandais pratiquent-ils traditionnellement dans leurs sources chaudes ?**

Bonne réponse: c)Le tricot.

**3) Quel type de pain les Islandais cuisent-ils grâce à la chaleur géothermique ?**

Bonne réponse: a)Le pain de seigle.

**4) Comment les Islandais préservent-ils la tradition orale de leur culture ?**

Bonne réponse: b)En racontant des histoires aux plus jeunes.

**5) Quel animal est une espèce invasive en Islande ?**

Bonne réponse: c)Le vison américain.

**6) Quelle est la particularité des cristaux de zeolite en Islande ?**

Bonne réponse: d)Ils sont très rares et précieux.

**7) Quelle est la principale source d'énergie en Islande ?**

Bonne réponse: c)L'énergie géothermique.

**8) Comment s'appelle le phénomène naturel où les aurores boréales sont les plus visibles en Islande ?**

Bonne réponse: b)La zone aurorale.

**9) Quelle est la particularité du sol islandais ?**

Bonne réponse: c)Il contient beaucoup de minéraux.

**10) Quelle est la particularité des sources chaudes en Islande ?**

Bonne réponse: b)Elles sont riches en minéraux bénéfiques pour la santé.

**11) Quel est l'un des sports les plus populaires en Islande ?**

Bonne réponse: a)Le football.

**12) Quel type de roche est particulièrement présent en Islande ?**

Bonne réponse: b)Le basalte.

**13) Quelle activité est pratiquée en Islande, liée à la mer ?**

Bonne réponse: a)Le kayak.

**14) Comment les Islandais célèbrent-ils les longues journées d'été ?**

Bonne réponse: b)Avec des festivals colorés.

**15) Quelle est la particularité des moutons en Islande pendant l'été ?**

Bonne réponse: b)Ils sont libres de se déplacer partout.

**16) Pourquoi les Islandais ont-ils initialement peuplé l'Islande ?**

Bonne réponse: b)Pour fuir des persécutions.

**17) Quel type de poisson est très prisé en Islande ?**

Bonne réponse: c)La morue.

**18) Quelle est la principale caractéristique des sagas islandaises ?**

Bonne réponse: c)Elles sont des récits historiques et mythologiques.

**19) Comment les Islandais célèbrent-ils le solstice d'hiver ?**

Bonne réponse: a)Avec des feux d'artifice.

**20) Quelle est la particularité de l'Islande en matière d'éducation ?**

Bonne réponse: b)L'Islande a le taux d'alphabétisation le plus élevé au monde.

Printed in France by Amazon
Brétigny-sur-Orge, FR